Frank Rüdiger Halt • Brave Schafe – Ein Weckruf-Versuch

Frank-Rüdiger Halt

Brave Schafe – Ein Weckruf-Versuch

Sachbuch

FRIELING

Bibliografische Information der Deutschen Nationalbibliothek
Die Deutsche Nationalbibliothek verzeichnet diese Publikation in der Deutschen Nationalbibliografie;
detaillierte bibliografische Daten sind im Internet über http://dnb.d-nb.de abrufbar.

Rheinstraße 46, 12161 Berlin
Telefon: 0 30 / 76 69 99-0
www.frieling.de

ISBN 978-3-8280-3255-2
1. Auflage 2015
Umschlaggestaltung: Michael Beautemps
Bildnachweis: fotolia.com

Inhalt

Brave Schafe

Ein Weckruf-Versuch

„Man kann den Massen unzählige Ideen und Überzeugungen implantieren, wenn man erst die natürliche Funktionsweise ihres Gehirns mittels versehentlich oder absichtlich kreierter Angst, Wut oder Aufregung durcheinandergebracht hat. Die häufigsten Folgen einer solchen Verwirrung sind ein beeinträchtigtes Urteilsvermögen und eine erhöhte Beeinflussbarkeit. Ihre Manifestation in der Gruppe wird oft als ‚Herdentrieb' beschrieben und tritt insbesondere in Kriegszeiten, während ernster Epidemien und in ähnlichen Situationen der gemeinschaftlichen Bedrohung auf, die die Angst und somit die Beeinflussbarkeit des Einzelnen und der Massen erhöhen."

„Battle for the Mind" von W. Sargant, Wissenschaftler am Tavistock-Institut, (1957)

„Erst wenn die Kriegspropaganda der Sieger Eingang in die Geschichtsbücher und Lehrpläne gefunden hat und von den nachfolgenden Generationen geglaubt wird, kann die Umerziehung als gelungen angesehen werden."

„Jede Zeitung ist, wenn sie den Leser erreicht, das Ergebnis einer ganzen Serie von Selektionen [...]" „Indem die Auswahlregeln der gleichgeschalteten Journalisten weitgehend übereinstimmen, kommt so eine Konsonanz der Berichterstattung zustande, die auf das Publikum wie eine Bestätigung wirkt (alle sagen es, also muss es stimmen) und jene oben beschriebene stereotypen-gestützte Pseudoumwelt in den Köpfen des Publikums installiert."

Walter Lippmann, US-Journalist, Regierungsberater, Schriftsteller

Begründung

Junge Menschen, lebenshungrig und wissensdurstig, suchen nach ihrer Rolle im Leben. Das erfordert vor allem Orientierung, Klarheit, Aufklärung über das „Stück", Regie, Spielregeln, die Hauptdarsteller. Schließlich wollen sie nicht wie brave Schafe zur Schlachtbank geführt werden wie unzählige Völker und Gruppen vor ihnen und auch nicht fremdbestimmt einsam verlöschen wie die Kerze im Wind. Für ihren eigenen Weg müssen sie die Tatsachen erfahren können, die eine geistige Durchdringung der weitgehend verschleierten Wirklichkeit voraussetzen.

Eine unverzichtbare Aufgabe des Bildungswesens und der geistigen Eliten. Und eine nicht gelöste! Sie „vergaßen", über Grundlegendes aufzuklären:

über Macht, Reichtum, Geldentstehung und -verteilung, Finanzdynastien, globale Hintergrundstrukturen und Netzwerke, die Menschen in Schach halten, manipulieren, kontrollieren, ausbeuten, gegeneinander aufhetzen und zahlenmäßig reduzieren, über schrankenlose Ökonomisierung bis ins Mark – in Bildungswesen und Gesundheit –, über die Meinungen jenseits der „herrschenden Meinung", über Angriffe auf die Gesundheit durch Pharma-, Chemie- und Nahrungsmittel-Multis, durch Mikrowellen- und Nano-Technologie, über wesentliche Fragestellungen:

Wer profitiert von den üblichen Schock-, Spannungs-, Angst- und Teilungsstrategien, dem offensichtlichen Bildungs-, Beziehungs- und Nationen-Zerfall, der Entwurzelung und Atomisierung der Gesellschaft, der geistigen Monokultur und globalen Gleichschaltung, der Dekadenz? Wer finanziert Krisen, Kriege, Krankheiten, Terror? Wem gehört die Republik?

Sie, die Kopfgesteuerten, Schul- und Hochschulmeister, Intellektuellen, hochbegabt für schweigendes Genießen, Stromlinienförmigkeit, Obrigkeitsdenken, Untertanengeist, Verdrängung ihrer Verantwortung. Ich halte sie für das Hauptproblem, für die zuverlässigsten Komplizen jener Täter, die immer wieder grausames Schicksal mit den machtlosen Völkern spielen. Als Tatenlose garantieren sie stets deren Erfolg. Sie wissen, was sie tun, was geschieht, welche Verantwortung sie als Machtteilhaber für Aufklärung und Gemeinwohl haben. An ihnen scheitern Aufarbeitung, Bildung, Demokratie, Gemeinwohl, Wahrheit, Glaubwürdigkeit, Vertrauen, Frieden. Mit wenigen Ausnahmen verantworten sie heute Gehirnwäsche, Verdummung, Vergreisung, Verfettung, Verarmung, Um- und Innenweltverschmutzung, einen krebsartig wuchernden Wirtschafts-Totalitarismus, die Umwandlung einer neugierigen Nachkommenschaft in eine digital dahindämmernde („Digitale Demenz"), zunehmend kränkelnde Schafherde.

Diese Protest- und Streitschrift will mittels Zitaten, Beiträgen und Quellenhinweisen einige der beschriebenen Lücken schließen helfen.

Dekadenz

„Fette Bäuche, leere Hirne, das ist unsere Zeit“, sang Ernst Stankovski schon vor Jahrzehnten. Später ergänzte Liedermacher R. May im „Narrenschiff“ das Bild über die kulturelle Dekadenz unserer Zeit.

Heute werden Friedensnobelpreise an Kriegsherren (z. B. H. Kissinger, B. Obama) verteilt oder DDR-Privilegierte wie J. Gauck und „Die Patin“ A. Merkel – als fleischgewordene Gegenbeweise einer gelungenen DDR-Aufarbeitung – an die BRD-Spitze gehievt. Eine Zeit, die natürlich auch keine Skrupel hat, Vorbestrafte in den Polizeidienst in Berlin zu integrieren.

Stetiger Verfall – meterweise im Detail beschrieben in Bibliotheken in der Abteilung Politik/Zeitgeschichte:

A. von Bülow: „Im Namen des Staates – CIA, BND und die kriminellen Machenschaften der Geheimdienste“.
H. H. von Arnim: „Die Deutschlandakte – Was Politiker und Wirtschaftsbosse unserem Land antun“., „Vom schönen Schein der Demokratie“.
J. Roth: „Der Sumpf – Korruption in Deutschland“., „Der Deutschland Clan – Das skrupellose Netzwerk aus Politikern, Top-Managern und Justiz“.
W. Hetzer: „Finanzmafia“.
G. Lanctot: „Die Medizin-Mafia“.
G. Höhler: „Die Patin – Wie Angela Merkel Deutschland umbaut“.
…

Wohin man sieht: Regierungskriminalität, Manipulation und Tricks: bei Armutsberichten, Finanzprodukten, Kursen, Märkten, Inflationsangaben, Steuern, Arbeitslosenstatistiken, Bilanzen, Nahrungsmitteln, Preisen, Medikamenten, Geräte-Haltbarkeit, Zeugnissen, Doktortiteln, Arzneimittelzulassungen, Gutachten, Urteilen, Wissenschaft und Forschung, Geschichtsschreibung, Medienberichten, Sport-Wettkämpfen, Sprache, Euroeinführung, Wetter, Klimadaten, Personalpolitik und Wahlen sowieso. Dennoch: man bleibt gelassen, hat man doch Abnormalität als das Normale bereits verinnerlicht, die Auslese mit der Negativauslese getauscht. So werden sie bewundert: reiche und erfolgreiche Zwielichtgestalten wie Ackermann, Zumwinkel, Hoeness, Blatter, Hartz, Schwarzer, Strauß oder Kohl. Allesamt weniger klug und tüchtig als clever und geschäftstüchtig. Größen mit Strahlungswirkung bis in die kleinsten Verästelungen des Staatsorganismus.

Die heutige Deutschland-Auslese an Politikdarstellern redet natürlich nicht von Dekadenz, sondern vom „Erfolgsmodell Deutschland“, dem Musterknaben bei Waffen, Maschinenbau, Chemie, Autos, Patentanmeldungen, Arbeitslosigkeit. Geschaffen von den wirklich Klugen und Tüchtigen.

Im Kontrast dazu die innere Leere: Deutschland, ein Altenheim, weltführend bei Hundehaltung und Gelenk-OPs! Durchschnittsalter 46 (Türkei 26, „Wir werden euch aus Deutschland herausgebären.“).

Die weitgehend amerikanisierte Deutschland-AG (nach wie vor im Besatzungs-Modus) hat sich von den wichtigsten, lebendigsten, kreativsten Menschen der Welt verabschiedet: seinen – zunehmend krippengeprägten – Kindern! Und von seiner wichtigsten Energiequelle: dem Bildungssystem. „Die Universitäten sind im Kern verrottet“, diagnostizierte bereits 1992 Simon (ehemaliger Präsident des Wissenschaftsrates) in der „Zeit“. D. Schwanitz beschrieb es 1995 detailliert in der Uni-Satire „Der Campus“ sowie

„Der Zirkel“. Wenige Jahre später der letzte Sargnagel: „Bologna-Prozess“ und „PISA“.

An den Schulen floriert inzwischen die Schwindsucht bei grundlegenden Kulturtechniken wie Lesen, Schreiben, Sprechen, Rechnen und beim Sport (via Verfettung). Und später – vor der Tür von Betrieben und Unternehmen: die seit Jahrzehnten übliche Nichteignung einer wachsenden Bewerberzahl. Verfallsprozesse, kaum registriert und kommentiert, geschweige denn bekämpft vom Gros der Bildungssachverständigen.

Unübersehbar auch der Verfall des Sozialen. Für immer weniger Menschen gibt es immer mehr Arbeit bei sinkendem Einkommen. Auch ein akademischer Hintergrund ist kein Schutz mehr vor dem sozialen Abstieg.

Im EU-Imperium der 26 Millionen Arbeitslosen wechseln immer häufiger die Besitzer oder Anteilseigner, werden Firmensitze in Billiglohnländer verlegt, wird der Mittelstand an den Rand gedrängt. Zunehmend holen sich Handwerker in Unterbietverfahren via Internet ihre Aufträge irgendwo in Europa, verbringen in Billigunterkünften ihre Arbeitstage fern ihrer Familien. Kaum liegt es noch in den eigenen Händen, sein Ziel zu erreichen: gesichertes Einkommen bis ins Alter, ein Eigenheim für die Familie, eine gesunde Umwelt. Stattdessen das Hamsterrad in Fristverhältnissen und Leiharbeit. Die Perspektivlosigkeit junger Leute nicht nur in Südeuropa ist längst Realität in der gesamten globalisierten Welt. Dorothy Zinberg, Politologin der Harvard Universität, beschreibt die „wachsende Zahl der Menschen, die versuchen, sich ein Leben zusammenzuflicken, das aus Schulden, Überarbeitung und Niedriglöhnen besteht, und aus befristeten Stellen, in denen weder Kranken- noch Pensionsversicherung inkludiert sind.“ Sie zitiert jenen bitteren Witz, in dem ein Amerikaner den anderen fragt: „Did you know that more jobs have been created in the past year than in the previous ten?“ „I know“, erwidert der andere, „I have three of them.“

In der Neuen Welt(-ordnung) totalitärer Wirtschafts-Dominanz bürgen die gläsernen Bürger – in Umkehrung der Verhältnisse einer sozialen Marktwirtschaft – für den Staat/die Staaten, werden Gewinne privatisiert, Verluste sozialisiert, Staaten ihrer Souveränität beraubt, Lohnabhängige schleichend enteignet, reichen Millionen von Arbeitseinkommen nicht mehr zum würdigen Leben, während auf der Sonnenseite in den Finanzkathedralen und Konzernpalästen die Jackpot-Gehälter sprießen. Die Gesamt-Vorstandseinkommen bei den 10 größten DAX-Unternehmen reichten aus, Divisionen von Erzieherinnen zu ernähren. Ganz zu schweigen von US-Verhältnissen, wo die Einkommensschere noch weiter auseinanderklafft. Die Exzesse der globalisierten Welt sind längst überall sichtbar:

Die Vermögen der Superreichen haben sich in 10 Jahren vervierfacht. Auf der anderen Seite sehen die Segnungen der weltweiten Privatisierungs-Agenda bescheidener aus: Entwicklungsländer und Billiglohnländer, wo ganze Heere von sklavenähnlichen Arbeitsverhältnissen und Wanderarbeitern für die (Über-) Versorgung der Erste-Welt-Länder sorgen, sich wenige Nahrungsmittel-Multis und „Global Player“ den Welt-Markt monopolartig unter sich aufteilen und sich durch Gentechnik, Patentierung von Pflanzen und Tieren, Privatisierung von Wasser und weltweiten Aufkauf von Ländereien verschuldeter Dritte-Welt-Länder an den Lebensgrundlagen der Menschen vergreifen.

Für die Oberschicht ein Traum, ein Spekulations-Kasino, wo selbst Krisen, Kriege, Katastrophen, Terrorismus ihren ökonomischen Eigenwert besitzen. Spekuliert wird auf Staatspleiten, Währungsverfall (Rothschild wettet mal eben mit Hundert Millionen gegen den unter Lügen, Regelverletzungen und Bilanzfälschungen entstandenen Euro), gegen Nahrungsmittelpreise oder die eigenen Kunden (wie im Fall Goldmann Sachs). Die Katastrophe von Tschernobyl wurde für eine französische Sanierungsfirma zum Milliardengeschäft – auf Kosten des europäischen Steuerzahlers versteht sich – und für eine ganze Forschergeneration zu einem gigantischen radioaktiven Versuchsfeld. Eines von vielen mit der überflüssig erscheinenden „Laborratte Mensch", der im ansteigenden Meer von Plastik, Sondermüll und genmanipulierten Organismen nur noch die Wahl hat zwischen Pest und Cholera. Die Aussichten der schon von Geburt an chemisch kontaminierten und mit Tausenden Euro verschuldeten Nachkommen:

Radionuklide für Jahrtausende, Giftmüll und Kunststoffe für Jahrhunderte, ein expansives Spektrum chronischer Krankheiten, schwindelerregende Krebsraten, fortschreitende Verarmung.

Bilden wir uns nicht ein, Stalin, Hitler und Mao könnten nicht übertroffen werden. Die Nachfolger schaffen es spielend auf vielfältige Weise.

„Was jetzt in der Mobilfunkindustrie läuft, ist der größte Freilandversuch, den es überhaupt je in der Menschheitsgeschichte gegeben hat. Es gibt 4,5 Milliarden Handynutzer." (**Prof. Franz Adlkover**, Mediziner, NDR/"Risiko Handy"/Youtube).

Der Physiker und Mikrowellenforscher Dr. Trower spricht von Genozid, vermutet, dass durch das Wachstum der Mobilfunkindustrie in den letzten 15 Jahren mehr Tote und Verletzte verursacht werden als der gesamte 2. Weltkrieg gefordert hatte. („HAARP und Biowaffen – Dr. Barry Trower" sowie „Mobilfunk – die verschwiegene Gefahr", ein Film von Klaus Weber/Youtube).

Vergleichbare Wertungen findet man zu genveränderten Organismen (GVO) und zur Pharmaindustrie bei dem US-Journalisten **Dr. F. W. Engdahl:**

„Die Verbreitung von GVO-Feldfrüchten ist das wahrscheinlich gefährlichste Experiment der Geschichte mit dem Leben auf unserer Erde.“ („Saat der Zerstörung“, S.14)

„Die riesige weltweite Tötungs- und Verstümmelungsmaschine der modernen Pharmaindustrie ist in einem Kartell organisiert, das noch viel rücksichtsloser vorgeht als die Drogenkartelle in Mexiko, Kolumbien, Afghanistan oder im Kosovo. Die Aktivitäten der privaten amerikanischen Pharmaunternehmen werden heute vom Pentagon koordiniert.“ („China in Gefahr“, S.145)

Wie degeneriert muss eine Generation hochkultur-veredelter Köpfe sein, die ihrem Nachwuchs solche Szenarien zumutet und damit an vergangene (?) Zeiten erinnert. Dabei kommt mir ein besonders edles Exemplar in den Sinn (aus „Hochschule im 3. Reich“, Reihe Campus):

„… eine feste Bindung zum christlichen Glauben … alles überstrahlende menschliche Wärme … ein philosophischer Kopf und romantischer Dichter … besonders in der Goethezeit, in der er vollkommen zu Hause sei. …“

Der Mann: **Joachim Mrugowski**, Medizinprofessor, Chef des Hygieneinstituts der Waffen-SS, verantwortlich für viele tödliche Experimente an KZ-Häftlingen.

Die Welt ist nicht besser geworden, nur ihr Schein und ihre Propaganda.

Augen zu

Sie wissen nicht, was Oligarchien sind, obwohl sie darin leben, halten das private US-Zentral-Bankenkartell FED für eine staatliche Behörde, die USA für eine Muster-Demokratie, ungeachtet zahlreicher Angriffskriege und verdeckter Operationen mit weltweit über 50 Staatsstreichen, „City of London" für eine Innenstadt, „Wall Street" für eine Einkaufstrasse und die weltweit größte Vermögensverwaltung „Blackrock" für eine Band.

Sie sehen nicht, wie globale Finanzindustrien und deren Großaktionäre Politik und Verwaltung weitgehend zu Marionetten umfunktioniert haben, erkennen nicht die Handschrift eines mächtigen Netzwerkes („European Round Table of Industrialists" = ERT, bestehend aus etwa 4 Dutzend Vorstandsvorsitzenden von Multis wie Bertelsmann, Siemens, Thyssen, Krupp, Bayer, Daimler, Nestlé, Shell, …) bei Euroeinführung, „Bologna-Prozess", Schulpolitik oder Erziehung.

Sie kennen keine Androulla Vassiliou, Kommissarin für Bildung, Kultur, Mehrsprachigkeit und Jugend, die artig forderte:

„Die Erziehung zu unternehmerischem Denken und Handeln ist ein Motor für künftiges Wachstum und trägt dazu bei, dass wir die Unternehmer von morgen inspirieren. Zur Wahrung seiner Wettbewerbsfähigkeit muss Europa in seine Menschen, in ihre Kompetenzen, ihre Anpassungsfähigkeit und ihre Innovationsfähigkeit investieren. Das heißt, wir müssen ein echtes Umdenken in Europa anstoßen, hin zu unternehmerischem Denken und Handeln; das beginnt damit, den Unternehmergeist bereits im frühen Alter zu wecken." (Pressemitteilung der EU-Kommission v. 13.04.2012)

Heute liegt der ERT-Schwerpunkt auf menschlicher „Effizienzsteigerung“ („Software“ oder „Human ware“).

Bildungs-Ökonomisierung ist für sie ein Fremdwort, obwohl sie als Zöglinge und Studenten aufgrund einer „Outcome Based Education“ („ergebnisorientierte Erziehung“ als höfliche Umschreibung einer Senkung des Bildungsstandards) direkt betroffen sind. Die Senkung des Bildungsniveaus war genau das Ziel einer Richtlinie, die Dr. Alexander King als Manager der „National Teachers Association“ im Auftrag des „Club of Rome“ in den USA Anfang der 90er durchsetzte.

Sie wissen nicht, dass das UN-Dekret „Inklusion“ lediglich kühles Kalkül ist, durch eine möglichst einheitliche Bildung für alle auch noch das letzte „Potenzial“ gewinnbringend auszunutzen und die wirtschaftlichen Unkosten zu senken (lt. UNESCO-Leitlinien der Bildung, Kap. I.2.3 unter „Inklusion und Kosteneffektivität“: *„Es ist weniger kostenintensiv, Schulen einzuführen und zu unterhalten, die alle Kinder gemeinsam unterrichten, als ein komplexes System unterschiedlicher Schultypen zu errichten, die jeweils auf verschiedene Gruppen spezialisiert sind.“)*
Sie ahnen nicht,

> *„welch ungeheure wirtschaftliche und damit politische Macht von einigen Wenigen ausgeübt wird, ohne dass sie [gegenüber] dem Volk oder dem Parlament für ihre Entscheidungen verantwortlich sind.“*

B. Engelmann: („Das ABC des großen Geldes“, Kurt Pritzkoleit: „Wem gehört Deutschland“, Rüdiger Liedtke: „Wem gehört die Republik?“).

Sie kennen nichts von den Plänen eines Bill Gates für Eugenik in Afrika, von seiner Begeisterung für neue Impfstoffe, mit denen die Geburtenrate auf der Welt drastisch gesenkt werden könnte. Bill Gates, Großaktionär bei Monsanto und finanzieller Unterstützer der „Chemtrails" und der WHO (seine Stiftung ist der zweitgrößte Geldgeber). Sie wissen nichts vom US-Memorandum 200, das unter Federführung von H. Kissinger eine massive Entvölkerung der „Dritten Welt" aus wirtschaftlichen Gründen gefordert hatte. Nichts von den Geldgebern von „Frühsexualisierung" und „Feminismus" (Rockefeller-Gruppe):

Nicholas Rockefeller:

„Der Feminismus ist unsere Erfindung aus zwei Gründen. Vorher zahlte nur die Hälfte der Bevölkerung Steuern, jetzt fast alle, weil die Frauen arbeiten gehen. Außerdem wurde damit die Familie zerstört und wir haben dadurch die Macht über die Kinder erhalten. Sie sind unter unserer Kontrolle mit unseren Medien und bekommen unsere Botschaft eingetrichtert, stehen nicht mehr unter dem Einfluss der intakten Familie. Indem wir die Frauen gegen die Männer aufhetzen und die Partnerschaft und die Gemeinschaft der Familie zerstören, haben wir eine kaputte Gesellschaft aus Egoisten geschaffen, die arbeiten (für die angebliche Karriere), konsumieren (Mode, Schönheit, Marken), dadurch unsere Sklaven sind und es dann auch noch gut finden."

(Zitat von **A.Russow** im Interview mit **Alex Jones**/Youtube – „Feminism was created to destabilize society")

Sie hörten nichts von der Chefideologin des Genderismus, der US-Amerikanerin **Judith Butler** (aus „Subversion der Identität"):

„Wie kann man am besten die Geschlechterkategorie stören?" Die Aufgabe sei es, die Zwangsheterosexualität zu dezentrieren, die starren sexuellen Codes zu deregulieren durch die freie Wahl des eigenen Geschlechts und die beliebige sexuelle Orientierung und Aufgabe des Inzesttabus...

Sie passen bei:
Geldentstehung, Machtstrukturen, Agenda 21, GVO, Monsanto, Operationen unter falscher Flagge, US-Eugenikprogrammen, Elite-Netzwerken, Schock-Strategien, Drehtür-Prinzip, „Codex Alimentarius" oder Namen wie Kissinger oder **Nathan Mayer Rothschild** (1777-1836):

„Ich kümmere mich nicht darum, welche Marionette auf dem Thron von England angebracht ist, um das Reich, in dem die Sonne niemals untergeht, zu regieren. Der Mann, der die Geldversorgung Großbritanniens kontrolliert, kontrolliert das Britische Empire, und ich kontrolliere die britische Geldversorgung." (überliefert)

Sie sind keineswegs dumm, sondern durchschnittliche Schüler höherer Schulen und vermutlich bemüht, die verwirrende Realität geistig zu durchdringen. Manche studieren bereits, sprechen fließend mehrere Sprachen, kennen Welt-Literatur, Stochastik und die offizielle Geschichtsschreibung. Sie reden von „Demokratie", „Europa", „Globalisierung", „Grundrechten" wie von einer angenehmen Selbstverständlichkeit ohne den Blick für eine Realität, die offensichtlich nicht vermittelt wurde:

Demokratie:

Prof. Schachtschneider („Ein Staat ohne Legitimation"):

„Die Republik ist keine Demokratie, kein Rechtsstaat, kein Sozialstaat."

Prof. von Arnim („Das System"):

„... dass wir im Grunde keine Demokratie haben ... dass die Parteien eine erstaunliche Parallelität zur organisierten Kriminalität aufweisen ..."

Prof. Albrecht, Strafrechtler (Frontal 21-Interview vom 07.05.2007/ Youtube):

„Der Rechtsstaat ist mitten in seiner Auflösung."

MP **Horst Seehofer**: (Interview bei „Pelzig unterhält sich"):

„Diejenigen, die was zu sagen haben, sind nicht gewählt und die gewählt sind, haben nichts zu sagen."

Finanzminister **Wolfgang Schäuble** (im Interview beim Europäischen Bankenkongress in Frankfurt 2011):

„Seit 1945 sind wir nie souverän gewesen."

Bundeskanzlerin **Angela Merkel** (am 18.06.2005 in Berlin auf einer CDU-Veranstaltung):

„Denn wir haben wahrlich keinen Rechtsanspruch auf Demokratie und soziale Marktwirtschaft auf alle Ewigkeit."

Prof. Gerhard Schulze, Sozialwissenschaftler Uni Bamberg, am 08.12.2009:

„Ich sehe allmählich die Bereitschaft zum Demokratieverzicht. Es stimmt mich sehr bedenklich, wenn auf Klimakongressen wie jüngst die Äußerung fällt oder die Frage gestellt wird, ob man autoritären Regimen nicht besser zutrauen könnte als einer Demokratie, die angeblich anstehenden Probleme in den Griff zu bekommen. Was sich da am Horizont abzeichnet, ist eine klimapolitische Weltdiktatur."

Europa:

Der britische EU-Politiker **Nigel Farage**:

„Dieses europäische Projekt – von Kommissionspräsident Barroso persönlich als Imperium bezeichnet – ist uns aufgezwungen worden. Sie erzählen uns, das sei ein Projekt für Frieden und Wohlstand. Was sie uns nicht erzählen, ist die Tatsache, dass es bei dem Projekt um den persönlichen Machtgewinn einer kleinen Elite geht."

Jean Monnet, Unternehmer und Wegbereiter/Gründervater der EU und leitender Rothschild-Mitarbeiter, 1952:

„Europas Nationen sollten in Richtung eines Superstaates geführt werden, ohne dass ihre Völker das merken. Das kann durch viele kleine erfolgreiche Schritte erreicht werden, die unter dem Deckmantel wirtschaftlichen Fortschritts erfolgen und am Ende in einen Staatenbund münden."

Mario Borghezio, ein italienisches Mitglied des Europäischen Parlaments, stellte die vorgeschlagene Ernennung von Van Rompuy im November in Frage. Er verlautbarte während einer Sitzung des EU-Parlaments:

> *„Ist es möglich, dass niemand bemerkt hat, dass die drei* (Balkenende, Miliband, Van Rompuy, Anm.d. Autors) *regelmäßig an Treffen der Bilderberger oder der Trilateralen Kommission teilnehmen? Ich glaube, dass wir die Transparenz-Prinzipien anwenden müssen, die in unseren Institutionen so oft erwähnt wurden. Wir müssen vorher abklären, ob diese Kandidaten für die politischen Kräfte ihres Landes arbeiten oder ob sie nur Kandidaten von diesen okkulten Gruppen sind, die sich hinter verschlossenen Türen treffen und über die Köpfe der Menschen hinweg Entscheidungen treffen.“*

Am 19. November gab Van Rompuy bekannt, dass 2009 das *„erste Jahr des globalen Regierens“* sei. Er sagte, dass die *„Klimakonferenz in Kopenhagen ein weiterer Schritt in Richtung eines globalen Managements für unseren Planeten“* darstelle, d.h. die Errichtung einer Eine-Welt-Ordnung.

Globalisierung:

H. Kissinger:

> *„Globalisierung ist nur ein anderes Wort für US-Vorherrschaft“.*

US-Autor **Dr. J. Engdahl**:

> *„Globalisierung ist nur ein höfliches Wort für Amerikas ‚Neue Weltordnung‘.“*

Globalisierungs-Papst **Thomas Barnett**: (verkürzt):

„Keine Regierung darf den „freien Kapitalverkehr“ und den Rückfluss von Profiten behindern. Die Länder müssen in gegenseitige Abhängigkeit gebracht werden, sodass sie alleine nicht mehr existieren können. Staaten, die sich dagegenstellen, sind „Schurkenstaaten“. Gegner dieser Globalisierung müssen vernichtet werden.

Arbeitnehmer sind lediglich ‚Kostenfaktoren‘ und jederzeit austauschbare ‚Humanressourcen‘.

Alles wird privatisiert, internationalisiert und profitorientiert vermarktet. Alles ist Ware, alles hat einen Preis; alles kann gekauft und verkauft werden!

Die Kontrolle aller natürlichen Ressourcen, der Energieversorgung, der Trinkwasserversorgung, der Weltwährung sowie genmanipulierte Nahrung sind eine unabdingbare Voraussetzung für die Herrschaft nirgendwo beheimateter weltweiter Kartelle.“

(„The Pentagon’s New Map“, New York 2004)

Der Jugend empfiehlt er vor allem Spaß mit den neuen Medien und dem allgemeinen Konsum. Im Jahre 2000 wurde Barnett von der Firma Cantor Fitzgerald beauftragt, ein Forschungsprojekt über globale Militärstrategien zu leiten. Bereits vor „9/11“ hatte Barnett den radikalen Islam in seinen Hypothesen als möglichen Hauptfeind der Weltmacht USA dargestellt!

Grundrecht „personelle Unverletzlichkeit“?

Der Angriff auf die „personelle Unverletzlichkeit“ – und die Würde des Menschen – beginnt spätestens mit der Geburt: Kommt heute ein Kind zur Welt, ist es bereits mit einem Cocktail von z.T. hormonwirksamen Zellgiften im Blut kontaminiert, wie Dioxine, Bisphenol A, Weichmacher, Glyphosate, Parabene, Flammschutzmitte etc. – mit einer berechenbaren Wahrscheinlichkeit für Krebs, Missbildung, Unfruchtbarkeit, Verweiblichung, chronische Krankheiten. Abgesehen von den nachfolgenden Standard-Impfungen mit toxischen Verbindungen von Quecksilber, Aluminium und Formaldehyd.

Grundrecht „Meinungsfreiheit"?

US-Journalist **Dr. F. W. Engdahl** (im Interview am 03.10.2012 bei „Alpenparlament" /Globale Hintergründe der Aggressionspolitik/ Youtube):

> *„In den USA gibt es heute weniger Meinungsfreiheit als in China und in China ist sie schon nicht besonders ausgeprägt."*

Die Geschichte von abgestraften „Whistleblowern" und Meinungs-freiheitsliebenden in der westlichen „freien Welt" scheint bei näherem Hinsehen endlos und ist ein schlagender Beweis für ein Minenfeld selbst in Forschung und Lehre. Beispiele:
Rechtstreue Steuerfahnder (Flick-Affäre, Commerzbank-Affären) haben lt. Medienberichten u.a. mit Arbeitsplatzverlust bezahlt.
Der WDR-Filmemacher und Autor **Wischnewski** verlor seinen Posten beim WDR – mit Hausverbot – nach Ausstrahlung seines kritischen 9/11-Filmes. Bestärkt wurde er u.a. durch die Recherchen von dem Ex-Bundesforschungsminister und Geheimdienst-Experten **Dr. Andreas von Bülow** sowie dem Schweizer Uni-Dozenten **Dr. Daniele Ganser** (Vorlesung „Der Terroranschlag vom 11. September und seine Folgen"/ Youtube)

Die AIDS-HIV-Leugnung ist dem renommierten US-Virologen und Krebsforscher Prof. **Peter Duesberg** („*Sie sind alle geistige Prostituierte, jedenfalls die meisten meiner Kollegen und bis zu ei-*

nem gewissen Grad auch ich selbst. Sie müssen sich prostituieren, um Geld für ihre Forschung zu bekommen.“ – aus: „Die AIDS-Rebellen – AIDS wird nicht von HI-Viren verursacht“/Youtube) nicht gut bekommen: Umgehend wurden Forschungsgelder gekürzt.

Zwei deutsche Schülerinnen äußerten sich entsprechend und wurden laut Videobotschaft („Zum Schulsystem des Bundes“ / Youtube) von Mitschülern, Lehrern und der Schulleitung von der Schule vergrault.

Das Verlassen der „herrschenden Meinung“ hat mehrere namhafte US-Forschern der neueren Geschichte die Karriere gekostet: die Professoren **A. Sutton** („America's Secret Establishment“), **G. Preparata** („Wer Hitler mächtig machte – Wie britisch-amerikanische Finanzeliten dem Dritten Reich den Weg bereiteten“) und **C. Quigley** („Tragödie und Hoffnung“), die unisono von deutschen Verlagen gemieden werden. Bücherverbrennung der modernen Art.

Der schottische Genforscher **Arpad Pusztai** hatte bei einem Experiment mit der Kartoffel bestürzende Erfahrungen gemacht. Um die Knollen vor Schadinsekten zu schützen, hatte er ihnen ein Lektin-Gen aus Schneeglöckchen eingepflanzt. Laborratten, die diese Knollen fraßen, erlitten schwere Organschäden. Er kam zu der Überzeugung, dass die gängigen Zulassungsverfahren für gentechnisch veränderte Lebensmittel schwerwiegende Lücken haben. Denn Genforscher arbeiten nach dem Prinzip von Versuch und Irrtum: Die Gesundheitsrisiken der gentechnisch veränderten Pflanzen können sie langfristig nicht einschätzen. Über längere Zeit laufende Fütterungsversuche mit Tieren fehlen jedoch.

A. Pusztais verlor wegen seiner alarmierenden GVO-Versuche an Mäusen seinen Job, weil er die Sicherheit bei Gen-Food infrage stellte. Widerlegt hat ihn kein Wissenschaftler. Nachdem sich der amerikanische Präsident Clinton nach Intervention von Gen-Gigant „Monsanto" (Großaktionär: Bill Gates) eingeschaltet und seinen Freund T. Blair informiert hatte, wurde er – vermutlich im Auftrag – von vielen Wissenschaftlern bekämpft.

Nachdem Frau **T. Arnst**, DDR-Enteignungsopfer und BStU-Mitarbeiterin unter Behördenleiter J. Gauck, in der Bundesbehörde mit der höchsten Altlasten-Dichte an Stasimitarbeitern und Systemträgern (wie ein vertraulicher, unter Verschluss gehaltener Bericht des „Forschungsverbundes SED-Staat" ausweist) Täterschutz bei der Berliner Polizeiüberprüfung kritisiert hatte, verlor sie ihren Job. Mit dem damaligen Segen des heutigen Bundespräsidenten. Ihr Vorgesetzter hatte zur DDR-Ära beim DDR-Ministerrat gearbeitet. Die gegen die BStU ermittelnde ZERV fand zahlreiche Anhaltspunkte für ihre Kritik. (U. Neumann, Report Baden-Baden: „Die Gauckbehörde").

CDU-Staatssekretär **Gille** aus Sachsenanhalt kritisierte im Schreiben an Kanzler Kohl die unbedarfte Umarmung der CDU-Ost. Er musste danach seinen Regierungsposten räumen und wurde aus der CDU ausgeschlossen.

Entsprechende Belege, u.a. der Originalbrief, wurden veröffentlicht in „Heimatverdrängtes Landvolk e.V."

Als die Universitätssatire „Campus" – eine Abrechnung mit der Universität Hamburg (stellvertretend) von **Prof. D. Schwanitz** erschien, gab es böse Angriffe und Verleumdungen. Im ersten Buchladen flogen die Fensterscheiben [...] Kritik an der Uni Potsdam in „Der Zirkel“ wurde mit „Kaltstellen“ (seine Uni-Veranstaltungen wurden boykottiert) quittiert. Schwanitz in der Presse: *„Wer hier Kritik übt, bekommt Schwierigkeiten.“*

Nachdem der Schweizer Ernährungswissenschaftler Dr. **Hans-Ulrich Hertel** beunruhigende Entdeckungen über Mikrowellenöfen machte und seine Studienergebnisse veröffentlichte, wurde er von Herstellern durch alle Gerichtsinstanzen verklagt und verurteilt. Erst der EGH sprach ihn frei. **Prof. Blanc**, ein Kollege, nahm von der Studie Abstand, aufgrund des Drucks der Industrie, um weiteren Schaden von sich fernzuhalten. Er soll sich um die Sicherheit der Familie gefürchtet haben. Übrigens war der Gebrauch von Mikrowellenöfen in der Sowjetunion per Gesetz bereits seit 1976 verboten. Bereits im 2. Weltkrieg war der Einsatz bei der Wehrmacht verboten worden.

Schon die Frage nach bestimmten Personen der Zeitgeschichte an der DDR-Eliteschmiede ASR in Potsdam versperrte dem Historiker Prof. **Stefan Appelius** den freien Zugang zum Uni-Archiv der Universität Potsdam im Jahre 2011. Seine kritischen Analysen über namentlich genannte personelle Kontinuitäten ging der alten Nomenklatura und ihren West-Gönnern zu weit. Er wurde gestoppt und hat inzwischen die aufklärungsängstliche Uni verlassen, deren Sprecherin heute als IM (informelle Mitarbeiterin der Staatssicherheit) in den Akten geführt wird.
Henrik Svensmark, führender dänischer Forscher auf dem Gebiet Wolkenbildung und kosmische Strahlung. Er hält den Einfluss von Kohlendioxid auf das Klima für überbewertet. Er hält die Sonnenaktivität für den entscheidenden Faktor. Dafür wurde er

10 Jahre lang von den führenden Köpfen des Weltklimarates ausgegrenzt und diffamiert.

„Klimaforschung ist keine normale Wissenschaft mehr. Sie wurde völlig politisiert. In den letzten Jahren besteht gar kein Interesse mehr an neuen Erkenntnissen. Man hat sich auf eine Theorie geeignet und fertig … Das widerspricht zutiefst den Prinzipen der Wissenschaft."

Obwohl mehrere deutsche Physiker die CO_2-verursachte „Klimakatastrophe" als baren Unsinn nachgewiesen haben (Prof. K.F. Ewert, Prof. Gerlich: „Der Betrug mit dem Globalklima", Uni Braunschweig, Prof. Kirstein, Uni Leipzig z.B.), wird die Mär weiterverbreitet (die Geschäftsidee der CO_2-induzierten Klimaerwärmung wurde laut Reuters 1987 von Edmund Rothschild ins Leben gerufen und multimedial bis in die Schulbücher, inzwischen gar bis in die Kinderbücher (!), propagiert).

Die ehemalige norwegische Ministerpräsidentin, **Gro Harlem Brundtland**; 1998-2003 Direktorin der WHO, seit 2007 Sonder-beauftragte der UN in Klimaanliegen nahm an der 4. World Wilderness Conference im Jahr 1987 mit Maurice Strong, David Rockefeller, Edmund de Rothschild teil, wo der CO_2-Betrug eingeführt wurde.

Üblicherweise werden die Kritiker sämtlich als – an Holocaust-Leugner erinnernde – Klima-Leugner bezeichnet, die man laut Klima-Papst Schellnhuber bestrafen sollte. Einer ist also der britische EU-Abgeordneter **Nigel Farage** (am 29.09.2013):

In einer aufsehenerregenden Rede vor dem Europäischen Parlament geißelt Nigel Farage in klaren Worten die angeblich menschengemachte und CO_2-bedingte Erderwärmung als größten kollektiven Unsinn der Menschheitsgeschichte. Diese Ideologie führe genauso wie der fehlkonstruierte Euro zu Armut und Arbeitslosigkeit in Europa.

Einzige Profiteure der Klima-Hysterie seien große Konzerne und die Lobbyisten. Die Menschen dagegen würden unter höheren Strompreisen leiden und weiter verarmen, indem sie ihre Jobs verlören. Die Klima-Ideologie führe zu einem massenhaften Jobverlust und zur De-Industrialisierung in Europa. Asien und China dagegen würden sich darüber freuen, weil EU-Arbeitsplätze schließlich dort hin wandern.

Außerdem sei gar nicht sicher, ob das Klima überhaupt wärmer würde. Die Fakten jedenfalls würden dagegen sprechen. Als Beweis zeigte Farage zwei aktuelle Fotos der Arktis von der NASA, welche eindeutig zeigen, dass die Eiskappen innerhalb von einem Jahr um 60% gewachsen sind.

Mit der angeblich menschengemachten, CO_2-bedingten Erderwärmung hätten wir den größten, dümmsten, kollektiven Fehler der Menschheitsgeschichte begangen – schließt Farage. Wir müssten damit aufhören und die Steuern der Bürger herabsetzen. Wenn das nicht geschehe, würden sie ihre Quittung dafür bei der nächsten Europawahl erhalten.

Der emeritierte Physikprofessor **Harold Lewis** trat (08.10.2010) aus der Amerikanischen Physikalischen Gesellschaft aus und bezeichnete die menschlich verursachte Erderwärmung als *„den größten und erfolgreichsten pseudowissenschaftlichen Betrug, den ich während meines langen Lebens gesehen habe"*.

Spätestens nach Zweifeln an den US-Mondlandungen, z.B. durch den schon genannten Autor **G. Wischnewski**, wird die wichtigste Abwehrwaffe/Strafe gegen unkorrektes Denken in Stellung gebracht: die „Verschwörungstheorie". Als gäbe es in der gesamten Geschichte nicht eine Unzahl unstrittiger Verschwörungen. Und in Unkenntnis der Tatsache, dass der Begriff „Verschwörungstheorie" (lt. Prof. Lance de Haven-Smith von der Uni Florida: „Conspiracy-Theory in America") von der CIA in den 60ern Jahren in die Öffentlichkeit implantiert wurde, um kritische Meinungen (z.B. zum Kennedy-Mord) der Lächerlichkeit preiszugeben.

Grundrecht „Post- und Fernmeldegeheimnis, Schutz der Privatsphäre"?
Dank NSA und weiterer „Dienste" inzwischen als Illusion allgemein anerkannt.

Um es zusammenzufassen:
Prof. Albrecht (Deutschlandradio Kultur vom 16.02.2012; „Die Polizei auf dem Weg zur Geheimpolizei": *„Das Ende des Rechtsstaates ist eingeleitet, aber das scheint in unserer Gesellschaft fast niemanden zu stören. Die Ökonomie hat den Rechtsstaat seit Langem überrollt und zehrt ihn auf."*

Bildungskabarett

„Lehrer ist kein Beruf, sondern eine Diagnose“, raunt es durch die Republik. Und tatsächlich lässt sich das dauerstrapazierte Bildungsthema besser verarbeiten, wenn man es als Tragikomödie begreift. Im Folgenden einige Details.

Etwa im Rhythmus von 4 Jahren werden Schulen in Niedersachsen „zur Bewertung von Schulqualität“ inspiziert. Ähnlich ist es in anderen Bundesländern, in Berlin z.B. alle fünf Jahre. Wer diese Kontroll-Idee hatte, ist nicht bekannt. Wem diese ABM-Maßnahmen nützen, ist unschwer zu erraten. Hier ein praktisches Beispiel:

Inspektorenbesuch an einer Realschule

Wenn die lang angekündigten Oberlehrer kommen, dann wird eifrig inspiziert und herumgeschnüffelt: ob die Klassen-Atmosphäre stimmt, das Betriebsklima, die Schwererziehbaren-Betreuung in „Trainingsräumen“, die Zahlen und die Papiere. Gut darauf vorbereitet und in Selbstdarstellungsstrategien geschult, präsentiert die anvisierte Schule also probate Daten: Lehrerzahlen, Schülerzahlen, Fehlstunden, Vergleichs-Statistiken, Ausstattung (beliebt: WLAN-Netze, „Smartboards“, PC-Räume, Tablet-Klassensätze, Beamer) Abschlüsse, Protokolle, Dienstschreiben, Einsatz-, Raum- und Entwicklungspläne, Schulprogramme, Fördermaßnahmen, Leitbilder, Projekte, Firmenpartnerschaften, Pressespiegel, Fortbildungen, Konzepte für Unterrichts-, Organisations-, Personal- und Qualitätsentwicklung … Also den üblichen obligatorischen und leider vermehrungsfreudigen Verwaltungswust zeitgemäßer Schulen. Und natürlich gut (mit Schülern abgesprochene) vorbereitete Musterstunden. Die Fachleute für Dokumentationswesen und

Bürokratie zeigen sich als Qualitätskontrolleure überwiegend positiv beeindruckt. Sie finden – existenzberechtigend – Medieneinsatz, Teamarbeit, Individualförderung sowie die Qualitätszirkel allerdings „etwas zu kurz gekommen“. Selbstverständlich nicht als Kritik sondern „als kleine Anregungshilfe“.

Am Ende wird der von Mittelkürzungen bedrohte Kultusminister – übrigens einer mit nicht unüblichen Plagiatsunterstellungen – zu vermelden wissen, dass es gut um seine Schulen in Niedersachsen bestellt ist und alle Aufregungen von Kindern, Eltern, Schulleitern und Kollegen jeglicher Grundlage entbehren. Jede Schule hat dann irgendwann ein Qualitätssiegel etwa der Art: amtlich inspiziert und zertifiziert. Kein Wort von ausgebrannten, desillusionierten Frühpensionären, von resignierten, demotivierten Lehrer-Ruinen angesichts allgegenwärtiger Verwahrlosungsformen wie Sucht, Gewalt, Respektlosigkeit, Kriminalität, Arbeitsverweigerung, Mobbing. Kein Ton von der alles erstickenden Bürokratie, der Unruhe durch überquellende inhomogene Klassen, Mammut-Schulen, Unterrichtsausfall, Lehrermangel, pausenlosen Reformexperimenten im Wahlrhythmus, nichts von den Klagen von Wirtschaft und Handwerk seit Jahrzehnten (!) über fehlende Grundkenntnisse im Rechnen, Schreiben, Lesen, Sprechen, fehlende Arbeitsmoral, Leistungsbereitschaft, über gezinkte Zensuren, nachgeworfene Abschlüsse, zunehmende „Bespaßung“, Fettleibigkeit/ Sportunfähigkeit…

Es herrscht also Schweigen über die Realität an der Alltagsfront, über die aufkeimende Wut auf die ignoranten, fach- und erfahrungsfernen Schreibtischtäter (man mag da an Hüther, Fratton, Precht, Klippert, Schleicher oder an die „beschützende Werkstatt“ denken) in den nationalen und internationalen Wasserkopfapparaten und „Denkfabriken", die Lehrer, Schüler, Eltern, Wissenschaftler und Arbeitgeber gleichermaßen zu Opfern ihrer tolldreisten Wirklichkeitsflucht, zu Versuchskaninchen ihrer Reformmanie machen. Hauptsache die Formalien und die Abschlussstatistiken stimmen.

Bildungslandschaft – seit Jahrzehnten ein Krisenfall mit fallendem Wirkungsgrad und einem metastasierenden Verwaltungsgeschwulst. Als ginge es nicht um die Therapie, sondern um die Verschärfung der Krise durch immer fantastischere Diagnosen und Schüler-Großversuchsreihen, die kläglich auf dem Prüfstand der Praxis scheitern. Ein Zustand totaler Hilflosigkeit, der sich besonders in den „Fortbildungen" mit inzwischen garantierter Infantilitäts-"Kompetenz" widerspiegelt. Unvergessen jene Fortbildung, wo die Teilnehmer vom Neulehrer bis zum Schulleiter wie auf einem Kindergeburtstag mit geschlossenen Augen malen, dann eine Geschichte dazu aufschreiben und sie am Ende gruppenweise aufführen durften. Im ersten Augenblick dachte ich, man hätte meinen Reha-Antrag womöglich missverstanden und mich in die geschlossene Abteilung eingeliefert. Alle blieben ernst, bemühten sich um den professionellen Einsatz von Buntstift, Kleber, Schere und Papier zum Wohle der „Neuen Lernkultur", in der Lehrer als „Coach" oder Lernbegleiter für die sich selbst organisierenden Schüler auf Augenhöhe fungieren, nach dem Paradigma des ERT „Education for Europeans", Brüssel, 1994.

Ein Rundblick:
16 Schul- und Lehrerausbildungssysteme mit einer Unzahl von Schulnamen (Hauptschulen, Realschulen, Mittelschulen, Gymnasien, Gesamtschulen, integrierte Gesamtschulen, Oberschulen,

Stadtteilschulen, Sekundarschulen, Gemeinschaftsschulen, verlässliche Schulen, Ganztagsschulen …). Neuerdings fusionieren Haupt- und Realschulen zu Sekundarschulen wie in NRW oder zu Oberschulen wie in Niedersachsen. Oberschüler, das waren früher Gymnasiasten. Damit verlagert sich der Strukturwust ins Innere der schülererdrückenden Mammut-Einrichtung, wo Tutoren und Koordinatoren das komplexe Differenzierungs-Geschäft auffangen müssen. Gegenwärtig zeigen sich 2 Tendenzen: Einheitsschule und Gymnasium. Eine Zwei-Klassengesellschaft gedacht als Ganztags-Modell (Die Kinderkrippe für die Großen). Am Mittag wird gegessen, was auf den Tisch kommt (wirklich „Nahrungsmittel?) und geistig verdaut, was der Nachmittag bietet. Die Elternbeschränkung der Erziehung am Nachmittag wird gar nicht erst diskutiert. Das Sagen haben wieder Bildungsferne wie z.B. die „Bertelsmann-Stiftung". Sie fordert die Abschaffung des „Sitzenbleibens" (In NRW ist das Sitzenbleiben bereits abgesetzt bis Klasse 9) wegen der immensen Kosten! Wie bei der „Inklusion". Und artig aufgegriffen von diversen Regierungsprogrammen. Auch bei der Notengebung wirkt die Schattenregierung. Schleswig Holsteins Bildungsministerin Wende („Die Welt" vom 14.02.2014) findet:

> *„Alle Bildungsexperten betonen, dass die Freude am Lernen und die unbeschwerte Neugier der Schüler durch Schulnoten gehemmt werden."*

Dagegen die Interessenvertretung der Lehrer (ebendort):

> *„Die Koalition setzt den Trend der Entprofessionalisierung der Schule fort."*

Im Zuge der ERT-artigen Marktauffassung vom Bildungswesen stehen heute Kontrolle und messende Unternehmensinstrumente im Fokus: Leistungsstandards, Qualitätssicherung, Lernstandserhebungen, Konkurrenz, Wettbewerb, Vergleichsarbeiten und PISA. Also gewissermaßen ein neuer Markt mit entsprechender Geschäfts-Geheimhaltung (die Originaldaten der PISA-Ergebnisse bleiben unter Verschluss, werden im fernen Australien endausgewertet von einer Herrn Schleicher sehr wohlgesonnenen Firma.)

Als Krönung des vermeintlichen Bildungswirkens triumphiert das verordnete „Kompetenz-Denken", jene sparsame Nützlichkeitsversion des Denkens, das an „Gehirnwäsche" totalitärer Regime wie die „Rotlichtbestrahlung" in der DDR erinnert.

Den OECD-Spleen, Bildungs-Qualität messen zu können, hat der Schweizer Forscher Prof. Mathias Binswanger treffend gewürdigt in: „Sinnlose Wettbewerbe – Warum wir immer mehr Unsinn produzieren", (YouTube)

Darin zitiert er eine UNESCO-Jugend-Studie in der Pisa-relevanten Alters-Gruppe mit überraschenden Erkenntnissen über finnische Jugendliche (jeweils 1. oder 2. Platz), nämlich: bei ungesunder Ernährung, Rauchen und Trinken, schwierigen Familienverhältnissen, Schul-Abneigung.

Eine Untersuchung der Selbstmordrate ist unterblieben. Finnland ist berüchtigt für eine hohe Rate ebenso wie die verblichene DDR, deren Schulsystem die Finnen kopiert haben.

Nach dem Abitur machen übrigens dort weniger als die Hälfte einen Hochschulabschluss. Was für ein Vorbildland! Diese Erkenntnisse werden von OECD-Funktionär Schleicher erwartungsgemäß nicht kommentiert.

Bemerkenswert:

„Angelsächsisches Schulsystem: Lehrer gehen, Banker übernehmen den Unterricht." (laut Deutsche Wirtschafts-Nachrichten, veröffentlicht am 07.01.13)

„Ab 2014 sollen Banker die Kinder in Großbritannien in Sachen Umgang mit Geld unterrichten. Die Kinder sollen lernen, wie man wirtschaftet. Ob gerade die angelsächsischen Großbanken dafür die Richtigen sind, bezweifeln nach den laufenden Skandalen etliche Beobachter. In den USA werden unterdes Tausende Lehrer auf die Straße gesetzt. Grund: Der Staat hat es nicht gelernt zu wirtschaften."

Schulen hatten gut funktioniert, hätten stetig verbessert werden können vor allem inhaltlich. Jeder weiß instinktiv, was eine gute Schule ist und was wesentlich dabei ist, so wie jeder nicht erst lernen oder erforschen muss, was man nicht tut („Was du nicht willst, das man…", oder etwa: „Verlass dein (Erden-) Haus so sauber wie…").

Natürlich dürstet kein Schülerherz und keine Lehrerseele nach ganztägiger, uniformer, anonymer Massenhaltung, die allen nicht gerecht wird und die bereits die Vorraussetzung allen Lernens zunichte macht: Ruhe und Besinnlichkeit.

Hochschulen

„Die Universitäten sind im Kern verrottet. Seit 1968 ist das wissenschaftliche Niveau der Universitäten als Konsequenz der großen Zahl ständig gesunken, und jetzt will Erichsen (Präsident der Rektorenkonferenz, Anm. d. Autors) *noch 30 000 mehr von dieser Sorte haben*". So Prof. Simon als Präsident des Wissenschaftsrates in der „Zeit", 1992. Was würde Herr Simon heute sagen mit einer weit höheren Studentenquote und natürlich auch Professorenquote, deren Niveau mutmaßlich auch gesunken sein dürfte.

Ein Rundblick:
Hörsäle wie Flüchtlingsauffanglager, Abiturientenströme, Studenten wie Sand am Meer, mehr als Auszubildende, eine Springflut von Akademikern und Gelehrten. An jeder Ecke ein Vertreter des „höheren Dienstes", an jeder Kreuzung ein – hoffentlich plagiatfreier – Doktor, auf jedem Marktplatz ein pensionsgepolsterter, zunehmend parteiprotegierter Professor, in jeder Provinz eine dem Wissenschaftsminister schmeichelnde Volluniversität. Die flächendeckende Massenakademisierung, dreistellig die Hochschulzahlen, fünfstellig die Hochschullehrer-Zahl, siebenstellig die Studentenzahlen, elfstellig die jährlichen Kosten. Tendenz steigend, auch beim Verfall: Gebäude, Forschungseinrichtungen, Studierfähigkeit, Arbeitshaltung, flankiert von vagabundierenden Akademikerheeren ohne festen Arbeitssitz oder mit subalternen Dienstposten. Seit Beginn der 70er!

Das Hochschulwesen brilliert mit 16 Gesetzen, Hunderten Ordnungen für Gremien, Studium, Prüfungen, Promotionen, Habilitationen, 350 Ausbildungsberufen, 10 000 Studiengängen sowie zahllosen Regelungen, die sich bundesweit alle so wesentlich unterscheiden wie die Töne der Farbe grau und unablässig „reformiert“ werden. Endlose Parallelarbeiten der gleichen Art in der Republik um der geschätzten Eitelkeit und Existenzberechtigung willen. Vor dem Bologna-Prozess!

Seit Anfang 2000 sucht der „Bologna-Prozess“ die Unis heim, verbunden mit einer OECD-geschürten Akademisierungsorgie mit Konsequenzen wie bei der Massentierhaltung: normiert und bescheiden entwickelt. Im Geiste von Geschäftsgeist, der das Verhältnis von produktiver Lehr- und Forschungsleistung zum Wasserkopf zum Verschwinden und die Verwaltungskosten zum Platzen bringt. Aus Unis werden gleichgeschaltete Unternehmen im Markt-Wettbewerb, aus Professoren unterwürfige Drittmittelbittsteller (die ihre Forschungs-Kreativität jetzt in Antragskonvolute stecken müssen) und konditionierte Agenten von Interessengruppen, aus Rektoren/Präsidenten CEOs und aus Wissenschaftsfreiheit und Wahrheitssuche das ökonomische Nützlichkeits-Denken. **W. Frühwald**, ehemals DFG-Präsident: *„Ich kenne kaum jemanden – ehrlich gesagt: niemanden – den die Umstellung der Studiengänge auf Bachelor und Master begeistert. Wer die Veränderungen voranbringt, sind die Universitätsspitzen, die Wissenschaftsorganisationen und die Politik. Die Reformen kommen von oben; der Graben zwischen denjenigen, die die Reform konzipieren und den Betroffenen ist groß.“*

Nutznießer und Fürsprecher der Reformen aus den Hochschulreihen war die HRK. Ein Beispiel: *„Die Universitäten müssen als ein wirtschaftlicher Betrieb betrachtet werden und daran müssen wir hart arbeiten.“* (**M. Dürkop**, Präsidentin der TU Berlin, Morgenmagazin 5.1.96)

Das neue Denken verkauft sich „praxisnah" beispielsweise beim überwachungs- und datenschutzrelevanten „Indect-Projekt" der EU (Pentagon-initiiert), an dem sich zahlreiche europäische Universitäten beteiligen (u.a. Uni Wuppertal). Selbst das BKA soll sich von dem Projekt distanziert haben.

Die zeitgemäße Professorin kommt heute nicht selten aus der Wirtschaft mit besten Politikkontakten wie die schillernde Honorarprofessorin Mathiopoulos ohne Doktortitel (Plagiatnachweis). Sie hat sich gut verkauft, der Marktwert reichte gleich für 2 Honorarprofessuren (Braunschweig, Potsdam). Potsdam ist übrigens „Exzellenz-Universität der Lehre" aufgrund einiger Seiten eingereichter Papiere: Das Lehre-Konzept. Man ist geneigt, an gewisse Finanzprodukte zu denken …

Beim „Gender-Mainstreaming" (ein EU-Umerziehungsprogramm) ist die Uni Potsdam auch vorne: die Uni-Spitze wird jetzt mit Frau Präsident Günther angesprochen, seit nur die weibliche Anredeform im Geschäftsverkehr möglich ist. Passend auch zur Verweiblichung der Menschheit.

In der „Nachhaltigkeitsforschung" (AGENDA 21 – ein weiteres, grünlackiertes, globales Umerziehungsprogramm mit Befürwortung von Atomenergie und GVO) ist die Uni Lüneburg Spitzenreiter mit einer eigenen Fakultät und 25 entsprechenden Lehrstühlen. „Nachhaltigkeit", „Gender-Mainstreaming", „Kompetenz", strategische Tonnenbegriffe wie geschaffen zur Gehirnwäsche für neue Märkte im Bildungssektor.

„Am 14. April 2009 hat die Bundesministerin für Ernährung, Landwirtschaft und Verbraucherschutz Ilse Aigner mit sofortiger Wirkung

den Anbau von gentechnisch verändertem Mais verboten. Die Ministerin wies darauf hin, dass es sich hier um keine Grundsatzentscheidung zum Umgang mit Grüner Gentechnik, sondern um eine Einzelfallentscheidung handle. Zuvor hatte die oberste europäische Zulassungsbehörde EFSA keine Bedenken gegen einen Anbau geäußert.

Aus der Sicht von Wissenschaft und Forschung besteht große Sorge, dass diese Entscheidung den Trend verstärken wird, mit einer aller Voraussicht nach wichtigen Zukunftstechnologie irrational umzugehen und dadurch irreparable Schäden für den Standort Deutschland herbeizuführen.“ (PNN vom 22.04.2009: „Forscher gegen Verbot von Gen-Mais“)

Die Wissenschaftler weltweit ignorierend, die immer mehr Gefahren-Befunde durch GVO unbestritten nachgewiesen haben:

Aufsehen erregte eine Studie des australischen Biotechnologen **Thomas Higgins** von der Commonwealth Scientific and Industrial Research Organisation (CSIRO) in Canberra. Der Forscher hatte ein Bohnen-Gen auf Erbsen übertragen: Das Protein schützte die Bohne vor dem Fraßfeind. Diese Eigenschaft sollte die Erbse bekommen und sie resistent machen gegen die Larve des Gemeinen Erbsenkäfers.

Anfangs verlief die Versuchsreihe wie geplant: Die Erbsenkäfer-Larve fraß von der manipulierten Pflanze, konnte sie aber nicht verdauen und verhungerte. Als der Forscher seine genveränderten Erbsen jedoch auf Verträglichkeit prüfte und an Feldmäuse verfütterte, erkrankten viele der Versuchstiere an Erkrankungen der Lunge. In den Erbsen hatten sich durch das Bohnen-Gen Proteine entwickelt, die bei den Feldmäusen allergische Reaktionen auslösten. Forscher beklagen große Lücken bei Testverfahren.

Ägyptische Forscher kommen zu ähnlichen Ergebnissen: GVO verursachen schwere gesundheitliche Schäden Wie das Internet-Nachrichtenjournal „Egypt Independent" kürzlich berichtete, zeigten sich bei einer ähnlichen Studie, die **Hussein Kaoud** an der veterinärmedizinischen Fakultät der Universität Kairo durchführte, ebenfalls faszinierende, wenngleich politisch inkorrekte Ergebnisse über die Auswirkung von GVO. Kaoud und sein Team fütterten neun Gruppen von Ratten mit unterschiedlichen Kombinationen von gentechnisch verändertem Soja, Mais, Weizen und Raps. Sie beobachteten, dass diese Gen-Gifte die normalen Körperfunktionen der Tiere beeinträchtigten, und bestätigten damit Pusztais Ergebnisse.

„Ich stellte Veränderungen an verschiedenen Organen fest: eine Schrumpfung der Nieren, Veränderungen in Leber und Milz, das Auftreten bösartiger Gewebeabschnitte (sowie) Nierenversagen und Darmblutungen", so Kaouds Kommentar über die Wirkung der GVO bei den Versuchstieren. *„Auch die Gehirnfunktion war betroffen, die Lern- und Merkfähigkeit war deutlich verändert."*

Kaouds bahnbrechende Erkenntnisse werden in Kürze in den renommierten Fachzeitschriften „Neurotoxicology" und „Ecotoxicology" veröffentlicht. Ob die wissenschaftliche Gemeinschaft, die in erheblichem Maße von den Interessen der Biotech-Industrie beeinflusst ist, die Ergebnisse als gültig anerkennt oder in ähnlicher Weise gegen Kaoud und sein Team vorgehen wird wie gegen Pusztai, bleibt abzuwarten.

Zahlreiche unabhängige Untersuchungen haben die Wahrheit über GVO ans Licht gebracht: Sie sind im harmlosesten Fall unzureichend auf ihre Sicherheit getestet und wirken im schlimmsten Fall tödlich. Doch dieses Faktum wird dank des von den Konzernen geschaffenen GVO-freundlichen Klimas in der Mainstream-

Wissenschaft nach wie vor verschleiert. Keine Würdigung unabhängiger Forschung, aber:

> *„Allianz der Wissenschaftsorganisationen würdigt Verdienste von Schavan. Sie reagiert mit großem Respekt und mit Bedauern auf den Rücktritt von Annette Schavan als Bundesministerin für Bildung und Forschung."* (Aus einer Pressemitteilung der Hochschulrektoren-Konferenz vom 10.02.2013)

Nicht Entsetzen, Scham oder Mitverantwortung, sondern Würdigung einer Falschmünzerin, die ihre Industriefreundlichkeit nie verbergen konnte. Wie verwahrlost ist die Wissensgemeinschaft?

> *„Klimawandel? – Das ist Politik und hat mit normaler Wissenschaft nichts zu tun, wohl aber mit postnormaler Wissenschaft."*
> *„Die Klimaforschung ist nicht normal, sondern ‚postnormal'."*

Prof. Dr. Hans von Storch, Dir. des Instituts für Küstenforschung am GKSS-Forschungszentrum in Geesthacht

> *„Wenn wir in Zukunft eine gute Umweltpolitik haben wollen, dann müssen wir eine Katastrophe bekommen."*

J. Houghton, Vizepräsident des IPCC (10.09.95 Sunday Telegraph)

> *„Die Volkswirtschaftslehre ist eher eine ideologische Lehre als eine Wissenschaft, sie ist eher eine opportunistische Gefälligkeitsdisziplin als eine Wissenschaft."*

Prof. Jürgen Kremer (Ringvorlesung „Plurale Ökonomie" vom 28.02.2013)

Von einer *„Volkswirtschaft als geistige Monokultur"* spricht **Prof. Silja Graupe** (Ringvorlesung „Plurale Ökonomie" an der Uni Bayreuth)/ Youtube. Die HUB hatte nach ihren Worten die Vorlesung abgelehnt: „zu politisch"

Geistige Monokultur und marktkonforme Gleichschaltung scheinen heute Wesensmerkmale unserer Kultur in Politik („alternativlos"), Wirtschaft, Wissenschaft, Bildung und Medien zu sein. Dazu passt z.B. die Verschmelzung von Ministerien der Wissenschaft mit denen der Wirtschaft: im Saarland, in Sachsen-Anhalt, Schleswig-Holstein oder in Österreich.

Man beachte die „Leistung" von 38000 Hochschullehrern und einem Vielfachen an Pädagogen nebst diversen Vorzeige-Deutschen und Funktionären, die – statt „Bologna" und „PISA" die Stirn zu bieten – vor der Wirtschaftslobby bedingungslos kapituliert haben. Weitere Charakterleistungen findet man beim Blick in die Vergangenheit.

„Aufarbeitung“

„Ich schäme mich, ein deutscher Professor zu sein.“
Prof. Voigt, Soziologe (im Zusammenhang mit der – vergleicht man sie mit Nichtakademikern – relativ häufigen Verstrickung von Hochschullehrern mit dem MfS während einer öffentlichen Tagung in Tutzing, im Beisein des Autors)

Wirkliche Aufarbeitung setzt Vieles voraus: Öffnung der Akten aller beteiligten Akteure, Offenlegung der Finanzströme, Spenden, Gesprächsprotokolle, ernsthafte, glaubwürdige Zeitzeugengespräche, einen gemeinsamen Willen, die massive Änderung alter Unterstellungs-verhältnisse und Abhängigkeiten zugunsten der ins Abseits Geratenen, ehrliche Schuldeingeständnisse, Mitverantwortungen etc. Mit anderen Worten: eine vergebliche Wunschvorstellung. Wenn es an Forschungseinrichtungen Lichtblicke durch derartige Ansätze gab (nach 1989 z.B. in Greifswald durch eine Initiative von Studenten, in Jena durch zwei Physik-Professoren, Prof. Meinel und Prof. Kluge („MfS und FSU“), in Potsdam durch „Hochschulerneuerung von innen“, waren sie oft dem Einsatzwillen Einzelner zu verdanken und nicht einer breiten Strömung gesellschaftlicher Verantwortung. Auch dies ein Beispiel intellektueller Verwahrlosung. Ganz abgesehen von der indiskutablen Politik-Kaste: Es ist wie Hohn auf „NS-Aufarbeitung“. 2013 begann eine Arbeitsgruppe, sich für die personellen Kontinuitäten nach 1945 im Bundesjustizministerium zu interessieren. Ihr Zwischenresultat: Bis zum Abteilungsleiter waren sämtliche NS-Justizbeamten übernommen worden. Erwartungsgemäß.

In der Realität geht es also vor allem um Aufklärungs-Behinderung, wie schon im „Nürnberger Prozess“ teilweise sichtbar geworden: der Verzicht auf die Aktenbelege der NS-Unterstützung durch angloamerikanische und Schweizer Banken sowie internationale Industriemagnaten. Oder nach der „Wende“: der Verzicht auf eine gesamtdeutsche Aufarbeitung. Der ins Nichts führende Schalck-Prozess lieferte den Beweis für das politische Desinteresse des Westens an der DDR-Aufarbeitung. Die ZERV (Zentrale Ermittlungsstelle für Regierungs- und Vereinigungskriminalität) war entsprechend zurückhaltend ausgestattet, worauf dessen Chef Kittlaus vor dem Bundestag immer wieder folgenlos hingewiesen hatte. („Staatssicherheit, Seilschaften. Bd. VIII. Materialien der Enquete-Kommission – Aufarbeitung von Geschichte und Folgen der SED-Diktatur in Deutschland“, S.715 ff)

Aufarbeitung als Inszenierung. Zum zweiten Mal. Ein weiteres wesentliches Eliteversagen. Wo waren die Intellektuellen, als über 1000 DDR-Bürger ihr Leben an der Grenze lassen mussten, Kinder eingeschlossen? Wo blieben die Proteste eines S. Lenz, D. Hildebrandt, G. Grass, jener tüchtigen SPD-Helfershelfer?

Besonders deutlich wurde die Posse in der „Volksrepublik Brandenburg“. Dort gebaren die Volksvertreter 20 Jahre nach der (Täter-) Vereinigung eine „Enquete-Kommission Aufarbeitung“ und beauftragten ausgehandelte Gutachter mit der Arbeit. Drei Wissenschaftler traten frustriert zurück angesichts einer breiten Verweigerungshaltung.

Natürlich bestand politisch kein Interesse, gab es doch gemeinsame Machterhaltungsinteressen und Keller-Leichen (illegale Überwachung, Pharma-Menschenversuche, Waffengeschäfte, Technologie-Handel, Giftmüll, Doping …) Das logische Endresultat:

„BRD-Lohn für DDR-Unrecht" oder *„Täter auf Rosen, Opfer auf Almosen"*.

Das stand nach der Wende zwei Jahre lang an Wochenenden auf riesigen Protestplakaten vor dem Schloss Bellevue.

Ein Rundblick:
Der Zusammenbruch des *„rot lackierten Faschismus"* (**K. Schumacher**) erwies sich also als Falle für die DDR-Opfer: Im Einigungsvertrag wurde das Rechtssystem der DDR als rechtsstaatlich anerkannt und die Verpflichtung ausgesprochen, Beschäftigte des öffentlichen Dienstes der DDR bevorzugt zu verbeamten, wenn sie nicht Stasimitarbeiter waren. Dennoch wurden auch MfS-Mitarbeiter verbeamtet, selbst in der Stasiunterlagenbehörde BStU. Laut einer Geheimvereinbarung zwischen Schäuble und Krause als Unterhändler der deutschen Vereinigung sollte das Personal der BStU im Wesentlichen aus dem DDR-Innenministerium kommen.

BP Gauck hat als damaliger BStU-Behördenleiter die genaue Zahl von hauptamtlichen MfS-Mitarbeitern und die Positionen (z.T. in führenden Stellen) gegenüber dem Bundestag nie korrekt wiedergegeben. Frustriert von Behördenleitung und Personalpolitik verließ der Schriftsteller J. Fuchs als Beiratsmitglied die Behörde. Dutzendfach verließen frühere Oppositionelle diese zwielichtige Adresse für Stasi-Aufklärung.

Während die Opfer sich oft eine karge Rente erstreiten mussten, sonnte sich der gesamte von der BRD übernommene mittlere DDR-Führungsapparat beim ehemaligen „Staatsfeind" in Parlamenten (Bisky, Gysi, Brie), Regierungen (Stolpe, Gysi, Merkel), Wirtschaft, Verwaltung und Wissenschaft. Die Bundeskanzlerin

Merkel ist das Paradebeispiel oder etwa Schreibtisch-Täter Karl Eduard von Schnitzler („der Schwarze Kanal), der sich im 500er Benz mit Chauffeur zu TV Berlin zur Sendung „Ich stelle mich“ fahren ließ.

Untersuchungsausschüsse und Gerichtsverfahren gerieten regelmäßig zur Farce, zur weiteren Opferentwürdigung. Die obersten Gerichte ließen für Kündigungen wegen Systemnähe nur wenig Raum. Stasimitarbeit, Nomenklaturkader oder Lügen im Fragebogen waren in der Regel kein ausreichender Kündigungsgrund. Honnecker und Mielke gingen straffrei aus, der ranghöchste Politiker danach, Krenz, war wenige Jahre „Freigänger“. Wirklich bestraft wurden die Opfer: zum zweiten Mal.

Als ob Systemkritik für Westjuristen suspekter ist als Systemtreue: Mit DDR-Aufklärern und Opfern wurde wegen „Störung des Betriebsfriedens“ oder mangelnder Loyalität zum Immernoch-Vorgesetzten nicht zimperlich umgegangen. Ihre Kündigungen waren vergleichsweise ein Kinderspiel. Ein Dezernatsleiter aus Brandenburg (Dr. Schmidt) musste schon wegen eines Forschungsantrages bei der BStU seinen Arbeits-Platz räumen.

Bemerkenswert die Haltung von Westimporten:
„*IM, na und!?*“, ließ sich der erste westliche Rektor der Uni Potsdam, Prof. Dr. jur. Loschelder, 1995 lautstark vernehmen. Auch die Minister-Importe Enderlein (FDP), Bräutigam (parteilos), Schönbohm (CDU), Hirche (FDP) unter Ministerpräsident Stolpe in den 90ern sahen „*Aufarbeitung und gründliche Personalüberprüfung nicht als ihre Aufgabe an*“, winkten also Funktionseliten und MfS-Angehörige großzügig durch, wie die Enquete-Kommission „Aufarbeitung …“ zwei Jahrzehnte spä-

ter entsetzt feststellten musste. Darunter viele im Polizei- und Justizapparat!

Etwa 600 Rechtsanwälte gab es bis zur Wende in der DDR. Unter Modrow und De Maizieres erhöhte sich ihre Zahl auf rund 5000. Am Tag der deutschen Einheit wurden die per eiligst geschaffener DDR-Rechtsanwaltsverordnung frisch gebackenen Rechtsanwälte von der Bundesrepublik anerkannt. Früher an der Entmündigung, Diskriminierung, Verfolgung von Andersdenkenden beteiligt, dürfen sie heute als gleichwertige Anwälte tätig sein und selbst ihre akademischen Doktor- und Professorentitel – in Moskau oder z.B. bei der Stasihochschule in Potsdam erworben – beibehalten. Zwielichtige Anwälte, Richter, Staatsanwälte, Pädagogen, Ärzte, Hochschullehrer ... Als gäbe es sie nicht schon zur Genüge.

Was hätte man – vor allem die Nachkommen – alles aus Diktatur-Vergangenheiten und deren ungebremster Aufklärung lernen können über Charakterlosigkeit, Feigheit, Käuflichkeit, Teilnahmslosigkeit, Schweigen unter Juristen, Ärzten, Wissenschaftlern, Intellektuellen, akademischen Eliten, die es einer möglichen Demokratie so schwer machen, auf die Beine zu kommen.

Staatsmänner

„Politiker – die hochbezahlten Butler der Industrie“ (geflügeltes Wort)

Kanalarbeiter gelten als höher angesehen als die „hochbezahlten Butler der Industrie“, offiziell als Politiker bezeichnet. Als „Klein Fritz“ in der Schule nach dem Beruf seines Vaters gefragt wird,

sagt er: „Er arbeitet als Pförtner im Puff". Später, nach Aufklärung über den wahren Beruf des Vaters (Politiker), wird er gefragt, warum er gelogen habe. KF: „Ich habe mich so für meinen Vater geschämt."
Hier einige historische Beispiele zum Verständnis von Klein Fritz:

Die SPD hatte Honnecker 1986 versprochen, nach einem Wahlsieg die DDR-Staatsbürgerschaft zu respektieren (H. Knabe, BZ, 25.9.99)

B. Engholm, ehem. MP u. SPD-Kanzlerkandidat (mit Stasi-Kontakten) bedankte sich bei E. Honnecker für einen gewährten Besuch vor einer Landtagswahl. (Heute Wirtschaftsberater u.a. Preussen-Elektra)

MP J. Rau bat die DDR-Führung, vor der Bundestagswahl keine Verhandlungen mehr mit der BRD-Regierung zu führen, da dies der CDU/CSU nütze. Er bat die DDR um Wahlkampfhilfe. Rau war über 25 Jahre mit dem Stasispitzel und späteren MP von Brandenburg, M. Stolpe, befreundet.

H.-J. Vogel, SPD-Kanzler-Kandidat 1986: „Auch an diesem Tag müssen die Verdienste Erich Honneckers gewürdigt werden." 1987: „Es ist paradox, Honnecker einerseits mit Herzlichkeit zu begrüßen und andererseits die Erfassungsstelle Salzgitter für die Gewaltverbrechen in der DDR aufrechtzuerhalten."

1987 sprach sich Scharping (SPD) für die Anerkennung der DDR-Staatsbürgerschaft aus.

In den 80er Jahren schlossen SPD und SED ein Abkommen über eine chemiewaffenfreie Zone, so, als handelten sie als Regierungen. In einem gemeinsamen Papier von SPD und SED im August 87 wird die DDR als Demokratie bezeichnet. Ihr Existenzrecht dürfe nicht bestritten werden.

SPD-Politiker wie Jürgen Schmude forderten ausdrücklich, das Wiedervereinigungsgebot aus der Präambel des GG zu streichen.

1977 finanzierte die Regierung Schmidt mit dem Bau von Grenzstationen auch die dortigen Grenzsicherungsanlagen über fingierte Rechnungen am Parlament vorbei. Als 1981 in Polen das Kriegsrecht verhängt wurde, sagte Schmidt: „*Was habe ich mit der Gewerkschaft zu tun? Ich habe Beziehungen mit der polnischen Regierung.*"

Schröder: „*Eine auf Wiedervereinigung gerichtete Politik ist reaktionär und hochgradig gefährlich.*" *Über Honnecker 1985:* „*Das ist ein zutiefst redlicher Mann.*" (Focus, 99). Heute ist der Ex-Jungsozialist und Ex-Bundeskanzler Gazprom-Manager und Rothschildberater.

Schröder und Lafontaine absolvierten zwischen 81 und 89 zahlreiche Treffen mit Honnecker und anderen Mitgliedern des Politbüros.

Heute weiß man, dass seit DDR-Beginn alle Parteien ihre Kanäle zur DDR-Führung hatten, dass die wirtschaftlichen Verbindungen nie abbrachen (Technologie-Transfer – auch gegen die Bestimmungen –, Menschenhandel, Waffenhandel, Giftmüllhandel ...). Moralisch und wirtschaftlich war die DDR ein mit vielen West-

Milliarden hochsubventioniertes Artefakt und der „Kalte Krieg“ eine mutmaßliche Inszenierung der Alliierten.
Die folgenden Briefe belegen die guten Beziehungen abseits der über 1000 DDR-Grenztoten und Zehntausenden DDR-Opfern.

Nebenbemerkung: Im Schreiben von B. Weizsäcker an RA Vogel (übrigens ein ehemaliger IM und enger Vertrauter von E. Mielke) wird ein Prof. Misselwitz erwähnt. Dieser war nicht nur an der ASR-Eliteschmiede, sondern auch Mitarbeiter der Staatssicherheit der HVA mit dem Decknamen „Sommer“. Eine Tatsache, die bis heute kein Medium publizierte.

Ein gutes DDR-Verhältnis bzw. -verständnis scheinen übrigens ganze Intellektuellen-Heere gehabt zu haben, wie z.B. die SPD-Stützen Hildebrandt, Grass, Lenz oder auch der damalige „Zeit“-Chef Theo Sommer, der über sehr positive DDR-Eindrücke berichtete. Oder jene Petra Kelly, die über direkten Zugang zu Honnecker verfügte.

Briefe

Der Niedersächsische Ministerpräsident

- Leiterin des Persönlichen Büros

Postfach 223
30002 Hannover
Planckstraße 2
30169 Hannover

Telefon (05 11) 120-1 1 20-69 03 / Durchwahl
Telex 1 20-68 38 / Telefax
923414-60nld

Herrn
Univ-Prof. Dr. Dieter Voigt
Ruhr-Universität Bochum
Fakultät für Sozialwissenschaft
Stiepeler Straße 129

44780 Bochum

Eingegangen
14. Mai 1998
Erledigt: ....

11. Mai 1998 / CLV

Sehr geehrter Herr Prof. Voigt,

Ministerpräsident Gerhard Schröder hat mich gebeten, Ihren Brief vom 6. Mai 1998 zu beantworten.

Vom 17. bis 19. Dezember 1985 besuchte Gerhard Schröder – wie viele andere westdeutsche Politikerinnen und Politiker aller Parteien vor und nach ihm – mit einer kleinen Delegation die damalige DDR. Bei diesem Besuch konnte Gerhard Schröder – wie andere Politiker auch – u.a. erfolgreich Ausreisewünsche und Wünsche nach Familienzusammenführung vortragen. Näheres können Sie gerne der seinerzeitigen Presseberichterstattung entnehmen.

Zum Zeitpunkt dieses Besuches war Herr Krenz erkrankt, so daß es nicht – wie ursprünglich vorgesehen – zu einem Gespräch auch mit ihm kommen konnte. Herr Krenz hat deshalb Herrn Schröder nur Grüße ausrichten lassen. In dem Ihnen vorliegenden Brief beantwortet Gerhard Schröder diese Grüße.

Ich hoffe, Ihnen mit diesen Informationen geholfen zu haben und verbleibe

mit freundlichen Grüßen

Krampitz

Sigrid Krampitz

Herrn
Egon Krenz
Mitglied des Politbüros
Marx-Engels-Platz

1020 Berlin

Hannover, 31. Januar 1986

Lieber Egon Krenz,

für Deinen freundlichen Willkommensgruß bedanke ich mich sehr herzlich. Es war schade, daß wir uns nicht persönlich treffen konnten. Aber das läßt sich sicher bei einer anderen Gelegenheit nachholen.

Die Gespräche in der DDR waren offen und informativ. Besonders war ich von Erich Honecker beeindruckt.

Durchstehvermögen, das Du mir wünschst, brauche ich in diesem arbeitsreichen Wahlkampfjahr ganz bestimmt. Aber auch Du wirst für Euren Parteitag und die Volkskammerwahlen sicher viel Kraft und vor allen Dingen Gesundheit benötigen. Beides wünsche ich Dir von ganzem Herzen.

Mit freundlichen Grüßen

Liebesbrief eines Kanzlerkandidaten.
Oder: Warum Egon Krenz heute die Welt nicht mehr versteht.

Brief Gerhard Schröder an Egon Krenz

MAR 10 '98 8:33 SE

DER MINISTERPRÄSIDENT DES SAARLANDES

AM LUDWIGSPLATZ 14
SAARBRÜCKEN, DEN 25. November 1985

9.12.85

Sehr geehrter Herr Staatsratsvorsitzender,

in angenehmer Erinnerung an meinen Besuch in der Deutschen Demokratischen Republik möchte ich mich noch einmal für die freundliche Aufnahme und den herzlichen Empfang vielmals bedanken. Ich darf hinzufügen, daß ich das mit Ihnen geführte freimütige und konstruktive Gespräch als sehr nützlich empfunden habe und besonders zu schätzen weiß.

Ich hoffe, daß die Begegnung mit Ihnen zu einer weiteren Stärkung des gegenseitigen Verständnisses und Vertrauens wie auch zu einer engeren Zusammenarbeit beitragen wird.
Seien Sie versichert, daß die saarländische Landesregierung alles tun wird, die Beziehungen und die Zusammenarbeit zwischen den beiden deutschen Staaten zu fördern und weiter auszugestalten.

Wie Sie wissen, sehr geehrter Herr Staatsratsvorsitzender, sind Sie im Saarland immer herzlich willkommen.

Mit besten Empfehlungen und freundlichen Grüßen

Ihr Oskar Lafontaine

Prof. Dr. jur. h. c. Wolfgang Vogel

RECHTSANWALT UND NOTAR
ZUGELASSEN AUCH BEI DEN GERICHTEN IN WESTBERLIN

1140 BERLIN
REILER STRASSE 4
FAHRVERBINDUNG: AUTOBUS 43/53
S-BAHN FRIEDRICHSFELDE-OST
SPRECHSTUNDEN:
MONTAG BIS MITTWOCH 14 BIS 18 UHR
TELEFON: 5 25 19 27, 5 25 18 11
TELEX: 113 023 VOBE DD

12.11.1988

V e r m e r k

Betr.: Unterredung mit Richard v. Weizsäcker bei Gelegenheit einer Lesung von Siegfried Lenz in der Villa Hammerschmidt am 10.11.1988

1. Anwesend waren u.a.

- Wolfgang Schäuble
- Heiner Geißler
- Ludwig Rehlinger
- Helmut Schmidt
- mehrere Minister und bekannte Schriftsteller
- Bischof Prof.Dr. Lehmann, Vorsitzender der Deutschen Bischofskonferenz

Wir waren am Tisch des Bundespräsidenten neben ihm plaziert und hatten daher gute Gesprächsmöglichkeiten.

2. Er hat die Grüße von E.H. betont freundlich erwidert, sich nach seinem Befinden erkundigt und ihm seiner Unterstützung versichert, sollte er sie erwünschen und benötigen. Das gerade laufende Personalkarussell halte er für Unsinn, worin ich ihn bestärkt habe.

3. Natürlich hat er sich nach den Vorgängen im Zusammenhang mit dem 17.1. erkundigt. Ich habe in unserem Sinne argumentiert und Kardinal Meißner sowie Dr.Krusche zitiert: "Das Dach der Kirche ist für alle, aber nicht für alles da." Ergänzt habe ich, daß die Ansammlungen

- 2

POSTGIROKONTO: BERLIN 7199-52-264 64 · SPARKASSE BERLIN 6772-36-30162

in der Kirche nicht mehr Gottesdienste sondern Politveranstaltungen waren.
Meine Mandatsniederlegung sei verständlich und zur rechten Zeit erfolgt. Man hätte sonst - für E.H. öffentlich nicht gut - in den Medien für die "unpopulären Maßnahmen" die direkte Handschrift von E.H. unterstellt. Auch in anderer Hinsicht wäre ich als Anwalt im Zwielicht und direkte Zielscheibe gewesen wie bei anderen Aktionen.

4. Einige, "nicht sich aufdrängende Anliegen", sollte ich doch überprüfen und, wenn ich es verantworten könnte, E.H. vortragen:

   - Familienzusammenführung Familie Kremser, interessiert aus persönlich-familärem Interesse (vgl. Anlage)
   - Seine Tochter schreibt eine Dissertation über "Die Städtepartnerschaften zwischen beiden deutschen Staaten". Dafür hätte sie gern ein Hintergrundgespräch mit einem darauf spezialisierten Juristen auf unserer Seite (Humboldt-Universität oder Akademie in Babelsberg).
   - Er überlege, ob seine "recht stille Beteiligung am Kirchentag in Erfurt Akzeptans durch E.H. erfahren könnte".

5. Er würde mich gern im April/Mai zu einem diskreten und längeren Gespräch empfangen. Bis dahin würde er klarer sehen zu den Problemen des Gipfeltreffens mit Michail Gorbatschow. Er pflege deswegen stille Kontakte zu ihm. Eine ebenso "stille Beratung" mit E.H. könnte doch wohl der Sache nur förderlich sein.

- 3 -

5. Man denke in Bonn darüber nach, meine Tätigkeit "irgendwie auszuzeichnen und zu ehren". Ich sollte doch mal nachdenken, ob ich annehmen könnte. Ich habe darum gebeten, solche Überlegungen aufzuschieben. Es sei nicht die Zeit dafür.

Prof.Dr.Vogel
Rechtsanwalt

VILLA HAMMERSCHMIDT

11. Mai 1988

Sehr geehrter Herr Vogel,

wieder habe ich reichen Anlaß, Ihnen zu danken. Sie haben sich in einer mir am Herzen liegenden Frage der Familienzusammenführung, auf die ich den Vorsitzenden des Staatsrats der Deutschen Demokratischen Republik angesprochen hatte, tatkräftig und erfolgreich eingesetzt. Die Schwierigkeiten kann ich mir denken. Um so mehr bin ich Ihnen dankbar verbunden.

Sodann erlauben Sie mir, Ihnen für die ganz hervorragende Förderung der Recherchen zu danken, die meine Tochter dem Thema der Städtepartnerschaften zwischen beiden deutschen Staaten widmet. Sie haben sich ihrer persönlich fürsorglich und hilfsbereit angenommen und ihr den Weg zur kompetenten Fachautorität geöffnet. Ich bin darüber sehr froh, nicht nur weil ich meine Tochter noch nie so engagiert und beschwingt über ihre Arbeit habe sprechen hören, sondern weil sich mit dieser als Dissertation gedachten rechtswissenschaftlichen Aufgabe vielleicht die Möglichkeit bietet, einen für beide Seiten nützlichen, sachlichen Beitrag zu leisten. Ein solcher Sinn und Praxisbezug ist bei Dissertationen selten genug, vor allem bei uns Juristen. Auch auf diesem Gebiet haben Sie also wieder einmal Gutes bewirkt.

Zugleich möchte ich mich auch im Namen meiner Frau herzlich bei Ihnen für die Friedenstaube und ihre wunderbare Begleitung bedanken. Sie haben uns damit eine große Freude gemacht.

Mit freundlichen Grüßen

R. Weizsäcker

M.Beatrice von Weizsäcker

Rittershausstraße 16
5300 Bonn 1
Tel.: 0228/212798

Prof. Dr. jur. h.c. Wolfgang Vogel
Reiler Straße 4
1140 Berlin

1. August 1989

Sehr geehrter Herr Vogel,

bevor es mich für eine Weile nach Österreich verschlägt, möchte ich mich bei Ihnen noch einmal ganz herzlich für Ihre Hilfe und Unterstützung bedanken, insbesondere aber für die Reise, die wir auf Grund Ihrer Organisation und Großzügigkeit machen konnten. Wie schön wäre es gewesen, wenn Sie und Ihre Frau uns hätten begleiten können. Dresden war eine Pracht, wir beschlossen sofort, die Reise mit einer Opernaufführung zu wiederholen. Der Aufenthalt in Eisenach schließlich zeichnete sich durch ein überaus interessantes Gespräch aus, von dem Ihnen Herr Professor Misselwitz sicher berichtet hat. Für mich enthielt es eine Reihe interessanter Aspekte und Neuigkeiten, und ich hoffe sehr, diesen neu erworbenen Kontakt aufrecht erhalten zu können. Ich verdanke Ihnen sehr viel, lieber Herr Vogel, und freue mich aufrichtig darüber. Dies nur wollte ich Sie wissen lassen.

So hoffe ich, daß auch wir uns bald wiedersehen. Einstweilen verfolge ich aus der Ferne Ihre Arbeit und wünsche Ihnen den Erfolg, den wir alle so nötig haben.

Mit sehr herzlichen Grüßen an Sie und Ihre Frau,

Ihre M.B. Weizsäcker

Lieber und verehrter Herr Vogel,

ÜBER IHRE GUTEN WÜNSCHE ZU MEINER WIEDERWAHL HABE ICH MICH SEHR GEFREUT. ICH DANKE IHNEN HERZLICH FÜR DIE LIEBENSWÜRDIGEN WORTE DER VERBUNDENHEIT. DAS VERTRAUEN, DAS SIE DAMIT IN GEDANKEN AN DIE VERGANGENEN FÜNF JAHRE ZUM AUSDRUCK BRINGEN, LÄSST MICH MIT ZUVERSICHT AN DIE AUFGABEN DER KOMMENDEN ZEIT DENKEN.

Ihr Brief bewegt mein Herz. Ich werde ihn Ihnen nicht vergessen! Und ich hoffe, dass Sie mich bald wieder einmal besuchen!

RICHARD VON WEIZSÄCKER

VILLA HAMMERSCHMIDT

IM JUNI 1989

Stets Ihr
Richard Weizsäcker

Prof. Dr. jur. h. c. Wolfgang Vogel

RECHTSANWALT UND NOTAR
ZUGELASSEN AUCH BEI DEN GERICHTEN IN WESTBERLIN

1140 BERLIN
REILER STRASSE 4
FAHRVERBINDUNG: AUTOBUS [illegible]
S-BAHN FRIEDRICHSFELDE-OST
SPRECHSTUNDEN:
MONTAG BIS MITTWOCH 14 BIS 18 UHR
TELEFON: 5 25 19 27, 5 25 18 11
TELEX: 113 023 VOBE DD

30.XI.1987

Vermerk

Betr.: Richard v. Weizsäcker

Er hat Helga und mich für den 10.II.1988 zu einer Lesung (Siegfried Lenz) in seine Privaträume in Bonn und zu einem anschließenden zwangslosen Gespräch eingeladen.

Prof.Dr.Vogel
Rechtsanwalt

POSTGIROKONTO: BERLIN 7199-52-264 64 · SPARKASSE BERLIN 6772-36-30 162
BANKVERBINDUNG BERLIN (WEST): DEUTSCHE BANK BERLIN AG, NR. 526-1599, HARDENBERGSTRASSE 27, 1000 BERLIN 12

Der Bundespräsident Bonn, den 16. September 198

An den

Chefredakteur der
Stuttgarter Nachrichten

Herrn Jürgen Offenbach

Postfach 55o

7000 Stuttgart 1

Sehr geehrter Herr Offenbach,

verzeihen Sie bitte, daß ich Ihnen erst heute auf Ihren Brief vom 25. August antworte und Ihnen herzlich dafür danke.

Ich habe mich sehr gefreut zu hören, daß Sie mit dem Rechtsanwalt Vogel in Ostberlin zusammengetroffen sind und ihm einen vorzüglichen Bericht gewidmet haben. Herr Vogel ist ein Phänomen ohne Beispiel. Er hat ein verständnisvolles Herz, ohne sentimental zu werden. Er ist zu seinem Staat loyal, ohne die Geschichte oder die langfristige Zukunftsperspektive aus den Augen zu verlieren. Er hat eine politische Leidenschaft, die er fast ausschließlich in vernünftige Wohltaten für Menschen umsetzt. Er arbeitet diskret und freut sich doch über öffentliche Anerkennung. Er lebt in einem Funktionärsstaat und ist

- 2 -

ein freier Mensch. Das Vertrauen, das er bei den Eingeweihten des Westens genießt, steht hinter dem nicht zurück, was seine Auftraggeber ihm zu Hause entgegenbringen.

Mit herzlichen und dankbaren Grüßen

Ihr

R. Weizsäcker

Dr. Beatrice von Weizsäcker

Spiegel TV
Chefredakteur
Stefan Aust
FAX: 040/30108222

Berlin, 14. Januar 1993

Sehr geehrter Herr Aust,

ich habe gehört, daß beim Spiegel TV über meine Dissertation recherchiert würde. Dazu gebe ich Ihnen folgende Auskunft:

1. Ich habe, wie es von Anfang an meine Absicht war, an meiner Universität Göttingen das Dissertationsthema "Deutsch-deutsche Städtepartnerschaften, Bestandsaufnahme und rechtliche Würdigung" angemeldet, bearbeitet und zu Ende geführt. Mein Doktor-Vater war Professor Gottfried Zieger. Von der Konrad-Adenauer-Stiftung erhielt ich hierfür ein Promotionsstipendium.

2. Notwendigerweise mußte ich für meine Arbeit die Rechtsauffassungen beider deutscher Staaten darstellen und bewerten. Den amtlichen Standpunkt der DDR habe ich bei Professor Joachim Misselwitz von der Akademie für Staats- und Rechtswissenschaften der DDR in Potsdam-Babelsberg erfahren. Seine Hilfe wurde mir von Professor Wolfgang Vogel vermittelt. In der Zeit von April 1988 bis Juli 1989 war ich dreimal je ein bis drei Tage in Potsdam und habe außerdem Recherchengespräche in Dresden und Eisenach geführt.

3. Meine Dissertation habe ich, wie vorgesehen, an der Georg-August-Universität Göttingen eingereicht. Am 8. August 1990 wurde ich promoviert. Im selben Jahr wurde meine Dissertation unter dem Titel "Verschwisterung im Bruderland, Städtepartnerschaften in Deutschland" im Bouvier Verlag Bonn veröffentlicht.

Mit freundlichen Grüßen

BWeizsäcker

Globale Zitate

Die folgenden Zitate sprechen für sich und zeichnen in ihrer Gesamtheit ein düsteres Bild von der Realität. Umso mehr gilt es, sich an allen Bildungseinrichtungen intensiv damit auseinanderzusetzen und zu handeln.

„In Zeiten globalen Betrugs gilt es als revolutionäre Tat, wenn man die Wahrheit sagt.“ **George Orwell,** Schriftsteller

Geld und Gewalt regieren die Welt

> *„Es fällt mir schwer einzugestehen, dass ich ein Diener des Kapitalismus geworden bin, den ich stets ablehnte. Ich wurde einer seiner Geheimpolizisten. Die CIA ist schließlich nichts anderes, als die Geheimpolizei des amerikanischen Kapitalismus, die Tag und Nacht die politischen Dammbrüche zuschaufelt, damit die Aktionäre der in den armen Ländern operierenden US-Gesellschaften weiterhin Gewinne einstreichen können. Der Schlüssel zum Erfolg der CIA sind die zwei oder drei Prozent der Bevölkerung der armen Länder, die den Löwenanteil bekommen – und die bis heute fast überall mehr verdienen als 1960, während für die marginalisierten 50, 60 oder 70 % der Bevölkerung immer weniger abfällt.“*

Philip Agee („CIA Intern. Tagebuch 1965-1974“)

Philip Agee, 1935 in Tacoma Park, Florida geboren, sprach fließend Spanisch, graduierte 1956 an der renommierten Notre Dame University und wurde ein Jahr später von der CIA rekrutiert. Seine

Einatzgebiete waren Ecuador, Uruguay und Mexiko, wo er die Instabilität und den Sturz von Regierungen herbeiführen sollte, die der US-Regierung nicht genehm waren. Sein kritisches Erweckungserlebnis hatte er 1956 in Montevideo, als er in der Polizeizentrale miterlebte, wie ein politisch Verdächtiger, den er den Behörden zur genaueren Beobachtung empfohlen hatte, gefoltert wurde. Als Agee gegen diese Praxis protestierte, stellten die Beamten einfach das Radio lauter, um die Schreie des Gefolterten vom Gebrüll des übertragenen Fußballspiels zu übertönen. Als er bei der CIA anfing, sei er von der Existenzberechtigung des Dienstes absolut überzeugt gewesen, schrieb er in „Inside the Company". Doch als er dann feststellte, dass südamerikanische Militärdiktaturen und ihre Todesschwadronen von der CIA und der US-Regierung aktiv unterstützt wurden und die CIA weltweit für den Tod von Tausenden verantwortlich war, sei er zum entschiedenen Kritiker geworden. „*Diese unmenschliche Kollaboration wollte ich entlarven, indem ich die Namen der CIA-Agenten nannte.*"

> *„Die CIA unternahmen Operationen in jedem Winkel des Globus. Sie nahmen sich auch das Recht, total über und jenseits der US-Gesetze zu operieren. Sie hatten die Berechtigung, zu töten, aber sie nahmen sich auch das Recht, Drogen zu schmuggeln, ein Recht, alle Arten von Dingen, anderen Menschen und Gesellschaften anzutun in Verletzung nationalen und internationalen Rechts und jeglicher Prinzipien der Zusammenarbeit der Nationen für eine gesündere und friedliche Welt. Inzwischen kämpfen sie darum, das US-Rechtssystem derart zu verändern, dass es ihnen die Kontrolle über unsere Gesellschaft geben würde. Die ‚Church Kommision' von*

1975 stellte in 40 Jahren ca 13000 geheime Operationen fest. Umfassend manipulierten und organisierten wir den Sturz konstitutioneller Demokratien in anderen Ländern. Wir organisierten geheime Armeen und dirigierten sie, um auf jedem Kontinent der Welt zu kämpfen. Wir ermutigten ethnische Minderheiten, sich zu erheben und zu kämpfen. Völker wie die Mosquito -Indianer in Nicaragua, die Kurden im nahen Osten, die Hmongs in Südostasien. Und natürlich organisieren wir bis heute die Finanzierung von Todesschwadronen in Ländern rund um die Welt, wie etwa die Treasury-Police in El Salvador, die für die Tötung von über 50000 Menschen verantwortlich ist allein in der 80ern und über 70000 davor. Eine Orchestrierung geheimer CIA-Teams und Propaganda führte uns direkt in den Korea-Krieg. Wir griffen China von den Quemoy-Inseln, von Matsu, Thailand, Tibet aus an. Eine Menge Drogenhandel war auf diese Weise mit einbezogen. bis wir uns schließlich selbst überzeugten, die Chinesen in Korea zu bekämpfen, und wir hatten den Koreakrieg, in dem eine Million Menschen starben. Das Gleiche gilt für den Vietnamkrieg, weil es eine sehr kooperative Sache war, die Nation in den Vietnamkrieg zu manipulieren […] Wenn ich diesen ‚3. Weltkrieg' zusammenfasse, den die CIA, in vielerlei Arten verwoben mit dem Militär, geführt hat, so kommen die besten Köpfe, die das untersucht haben, auf mindestens sechs Millionen Menschen, die in dem 40-jährigen Krieg getötet wurden, den wir gegen die Dritte Welt geführt haben."

John Stockwell („CIA-Station Chief John Stockwell – Inszenierung von Kriegen in der Dritten Welt"/Youtube)

„Wir nennen uns selbst die größte Demokratie der Welt – dabei sind wir absolut eine Plutokratie! Das ist die offensichtlichste Sache der Welt. Reichtum regiert dieses Land und Reichtum benutzt militärische Gewalt, um den Rest der Welt zu kontrollieren.
Als der Iran-Irak-Krieg begann, verloren mehr als eine Million sehr junger Männer ihr Leben. Henry Kissinger sagte am Beginn dieses 8-jährigen Krieges: ‚Ich hoffe, sie werden sich gegenseitig umbringen.'
Und das war exakt unsere Politik. Das ist die Lösung der Überbevölkerung. Was wir uns bewusst machen müssen, ist, was unsere Regierenden die ganze Zeit getan haben. Der wichtigste Grund für die Probleme des Planeten ist unsere eigene Regierung. So lasst uns eine massive Koalition organisieren, um den Militarismus zu beenden und die ökonomische Ausbeutung durch unsere Regierung."
Ramsey Clark, US-Justizminister unter Präsident Johnson (Ramsey Clark: „Wealth governs this Country"/Youtube)

„Der größte Händler mit Gewalt auf der Welt ist meine eigene Regierung."
US-Bürgerrechtler **M. L. King** (aus der Rede gegen den Vietnamkrieg am 04.April 1967 in der Riverside-Church in New York)

„Ich denke, dass Bankinstitute gefährlicher als stehende Armeen sind. Wenn die Bevölkerung es zulässt, dass private Banken ihre Währung herausgeben, wird das Volk seines gesamtes Besitzes beraubt, bis eines Tages ihre Kinder obdachlos auf dem Kontinent aufwachen, den ihre Väter einst eroberten.
Ein einzelner tyrannischer Akt kann sich den Zufällen der

Tagesmeinung verdanken, aber eine Serie unterdrückerischer Handlungen, begonnen in einer außergewöhnlichen Zeit und unverändert fortgesetzt trotz aller Wechsel an der politischen Spitze, ist ein eindeutiger Beweis für den vorsätzlichen, systematischen Plan, uns zu Sklaven zu machen.
Der Preis der Freiheit ist ewige Wachsamkeit."
T. Jefferson (1743-1826), 3. US-Präsident (Brief an J. Taylor, 1816)

„Das einzige Ziel dieser Finanziers ist Weltkontrolle durch die Schaffung von unauslöschlichen Schulden."
„Würden die Menschen verstehen, wie unser Geldsystem funktioniert, hätten wir eine Revolution, und zwar schon morgen früh."
Henry Ford (1863-1947), US-Unternehmer

„Die Wenigen, die das System verstehen, werden so sehr an seinen Profiten interessiert oder so abhängig sein von der Gunst des Systems, dass aus deren Reihen nie eine Opposition hervorgehen wird. Die große Masse der Leute aber, mental unfähig zu begreifen, wird seine Last ohne Murren tragen, vielleicht sogar ohne zu mutmaßen, dass das System ihren Interessen feindlich ist."
Rothschild, London (am 28. Juni 1863 an Geschäftspartner)

„Gib mir die Kontrolle über das Geld einer Nation und es interessiert mich nicht, wer dessen Gesetze macht."
Mayer A. Rothschild (1744-1812), Gründer der Rothschild-Dynastie

„In der Politik geschieht nichts zufällig! Wenn etwas geschieht, kann man sicher sein, dass es auf diese Weise geplant war. Die tatsächliche Wahrheit ist, dass seit den Tagen von A. Jackson gewisse Teile der großen Finanzzentren die Regierung beherrschen."

F. **Roosevelt** (1882-1945), 32. US-Präsident und Freimaurer

„Wir sind alle Geiseln der Banken."

Ex-Kanzler **Helmut Schmidt** (Münchner Runde des BR am 21.11.2011)

„Du glaubst doch nicht, dass du gegen die internationalen Finanzmärkte regieren kannst."

Joschka Fischer zu Lafontaine (Die ARD-Story: „Banken außer Kontrolle", 15.07.2013/Youtube)

Als DB-Chef **Ackermann** als Bankenverbands-Funktionär gefragt wurde, warum er eine Schuldenstreichung Griechenlands nicht anregte, sagte er:

„Damit mir das Gleiche wie Herrhausen passiert?" (Interview mit M. Illner/ZDF am 13.05.2010)

„Einige Menschen denken, dass die Federal Reserve Banken Institutionen der US-Regierung sind. Es sind aber private Monopole, die das Volk dieser Vereinigten Staaten ausbeuten: in ihrem eigenen Interesse und dem ihrer ausländischen Kunden, im Interesse von Spekulanten im In- und Ausland, im Interesse von reichen, räuberischen Geldverleihern."

Über die große Depression:

„Das war kein Zufall, sondern ein sorgfältig manipuliertes Ereignis […]“

Louis Mc Fadden, US-Kongressabgeordneter in den 1930er Jahren

„Die großen Banken waren wegen ihrer weitläufigen Möglichkeiten große Gewinne zu machen besonders am 1. Weltkrieg interessiert.“

William J, Bryan (1860-1925) US-Außenminister (1913-1915)

„Unser Geld bedingt den Kapitalismus, den Zins, die Massenarmut, die Revolte und schließlich den Bürgerkrieg, der zur Barbarei zurückführt. Wer es vorzieht, seinen eigenen Kopf etwas anzustrengen, statt fremde Köpfe einzuschlagen, der studiere das Geldwesen.“

Silvio Gesell (1862-1930), deutsch-argentinischer Sozialreformer

„Die Mächtigen des Finanzkapitalismus hatten ein anderes, weitreichendes Ziel, nämlich nichts weniger als die Erschaffung eines weltweiten Systems der finanziellen Kontrolle in privater Hand, fähig die politischen Systeme aller Staaten und die Weltwirtschaft im Ganzen zu beherrschen. Die Herrschaft in diesem System würde nach feudalem Vorbild bei den Zentralbanken der Welt liegen, welche ihr gemeinsames Handeln mittels bei geheimen, häufigen Treffen und Konferenzen getroffener Übereinkünfte koordinierten […] Der Mittelpunkt des Systems sollte die Bank für internationalen Zahlungsausgleich (BIZ) in Basel sein., eine private Bank im Besitz und unter Kontrolle der Zentralbanken der Welt, welche ihrerseits selbst Konzerne im Privatbesitz sind.“

US-Prof. C. Quigley („Tragedy and Hope")

„Heute müssen wir mit ansehen, wie die Welt von Neuem feudalisiert wird. Die despotischen Herrscher sind wieder da. Die neuen kapitalistischen Feudalsysteme besitzen nunmehr eine Macht, die kein Kaiser, kein König, kein Papst vor ihnen je besessen hat."

Jean Ziegler, UNO-Sonderberichterstatter („Das Imperium der Schande – Der Kampf gegen Armut und Unterdrückung")

„Amerika ist heute der Führer einer weltweiten antirevolutionären Bewegung zur Verteidigung seiner Besitzinteressen. Es steht für das, für das einst Rom stand. Rom unterstützte in allen fremden Gesellschaften, die unter seinen Bann fielen, die Reichen gegen die Armen, und da die Armen überall sehr viel zahlreicher waren als die Reichen, sorgte Roms Politik für Ungleichheit, Ungerechtigkeit und für das geringste Glück der Allermeisten."

Arnold Toynbee, Historiker, 1961

„Der Klassenkampf natürlich, Reich gegen Arm, und meine Klasse, die Reichen, gewinnen gerade."

W. Buffet, New Yorker Multimilliardär (auf die Frage, was er für den zentralen Konflikt unserer Zeit hält, New York Times, 26.11.2006)

„Wir können in diesem Land entweder eine Demokratie haben oder wir können großen Wohlstand haben, der in den Händen weniger konzentriert ist, aber wir können nicht beides haben."

Louis Brandeis, US-Bundesrichter

„Es gibt zwei Wege, eine Nation zu erobern und zu versklaven – entweder durch das Schwert oder durch Schulden."
John Adams, 1735 – 1826, 2. US-Präsident

„99% der Menschen sehen das Geldproblem nicht. Die Wissenschaft sieht es nicht, die Ökonomie sieht es nicht, sie erklärt es sogar als ‚nicht existent'. Solange wir aber die Geldwirtschaft nicht als Problem erkennen, ist keine wirkliche ökologische Wende möglich."
Prof. Hans-Christoph Binswanger, Schweizer Ökonom

„50 Menschen bestimmen über Amerika und das ist eine hohe Schätzung."
Patrick Josef Kennedy, US-Unternehmer, Politiker

„Bänkern gehört die Welt." [...] „Wenn ihr Sklaven von Bänkern sein wollt und die Kosten der eigenen Versklavung tragen wollt, dann lasst Bänker Geld und Kredit kontrollieren."
J.C. Stamp, ehem. Direktor der Bank von England (Privates Banken-Konsortium)

„Die Trilaterale Kommission ist ein Werkzeug für die multinationale Vereinigung des Handels und der Interessen der Banken durch Kontrollübernahme der Regierung der Vereinten Nationen ... sie werden die Zukunft bestimmen"
Barry Goldwater (1909-1998), US-Politiker

Menschenreduktion

„Im Falle einer Wiedergeburt würde ich gerne als tödlicher Virus zurückkehren, um so einen Beitrag zur Lösung des Problems der Überbevölkerung leisten zu können."
Prinz Philip, (dpa, August 1988)

„Eine Bevölkerung von weltweit 250 – 300 Millionen Menschen, also ein Rückgang um etwa 95%, wäre ideal."
CNN-Gründer **Ted Turner** (1996 in der Zeitschrift „Audubon")

„Durch das Wachstum der Mobilfunkindustrie werden mehr Kranke und Tote verursacht als durch den 2. Weltkrieg. Das ist ein Genozid."
Dr. Barrie Trower, Physiker und ehem. Forscher auf dem Sektor der Mikrowellen-Kriegsführung, Ex-MI6-Agent/Youtube

„Alles wird anders sein. Viele werden leiden. Eine neue Weltordnung wird hervortreten. Es wird eine viel bessere Welt für die, die überleben werden."
„Soldaten sind nur dumme Tiere, die als Schachbauern der Außenpolitik benutzt werden."
„Globalisierung ist nur ein anderes Wort für US-Vorherrschaft."
„Wer das Öl kontrolliert, der kontrolliert ein Land, wer die Lebensmittel kontrolliert, kontrolliert das Volk."
„Das Illegale tun wir sofort, das Verfassungswidrige dauert etwas länger." (New York Times, 28.10.1973)
„Letztlich wurden zwei Weltkriege geführt, um eine dominante Rolle Deutschlands zu verhindern."

„Depopulation should be the highest priority of foreign policy towards the third world." (1974)
H. Kissinger, ehem. US-Außenminister und Sicherheitsberater

„Zum Zwecke der Machterhaltung wird man die Weltbevölkerung auf ein Minimum reduzieren. Dies geschieht mittels künstlich erzeugter Krankheiten. Hierbei werden Biowaffen als Seuchen deklariert, aber auch mittels gezielter Hungersnöte und Kriege. Als Grund dient die Erkenntnis, dass die meisten Menschen ihre Ernährung nicht mehr finanzieren können."
C.F. von Weizsäcker („Der bedrohte Friede", 1981)

„Ein Mensch, der in einer schon okkupierten Welt geboren wird, wenn seine Familie nicht die Mittel hat, ihn zu ernähren, oder wenn die Gesellschaft seine Arbeit nicht nötig hat, dieser Mensch hat nicht das mindeste Recht, irgendeinen Teil von Nahrung zu verlangen, und er ist wirklich zuviel auf der Erde. Bei dem großen Gastmahle der Natur ist durchaus kein Gedecke für ihn gelegt. Die Natur gebietet ihm, abzutreten, und sie säumt nicht, selbst diesen Befehl zur Ausführung zu bringen."
Thomas Robert Maltus, britischer Nationalökonom und Sozialphilosoph (*Wikipedia*)

Schattenregierungen

„Es gibt eine eigene Schattenregierung mit ihrer eigenen Luftwaffe, ihrer eigenen Seeflotte, ihren eigenen Finanzierungsmechanismen und der Möglichkeit, ihre eigenen Vorstellungen von

nationalem Interesse zu verfolgen, frei von jeglicher Kontrolle und Ausgleich und frei vom Gesetz selbst."
Daniel Ken Inouye, US-Senator (während der Senatsanhörungen zur Iran-Contra-Affäre)

„Die Welt wird von ganz anderen Personen regiert als diejenigen es sich vorstellen, die nicht hinter den Kulissen stehen."
Benjamin Disraeli, Britischer Premierminister und Freimaurer (Novelle Coningsby, The New Generation, 1844)

„Dreihundert Männer, von denen jeder jeden kennt, leiten die wirtschaftlichen Geschicke des Kontinents und suchen sich Nachfolger aus ihrer Umgebung. Die seltsamen Ursachen dieser seltsamen Erscheinung, die in das Dunkel der künftigen sozialen Entwicklung einen Schimmer wirft, stehen hier nicht zur Erwägung."
W. Rathenau, dt. Außenminister (in der Weihnachtsausgabe 1909 der „Neue Freie Presse" Wien)

„Seitdem ich Politiker bin, haben mir Männer ihre Ansichten hauptsächlich im privaten Rahmen anvertraut. Einige der größten Männer der USA auf dem Gebiet des Handels und der Industrie haben vor jemanden, vor etwas Angst. Sie wissen, dass es irgendwo eine Macht gibt, die so gut organisiert ist, so geheimnisvoll, so wachsam, so ineinander verzahnt, dass sie ihre Anschuldigungen besser im Flüsterton ausgesprochen haben."
US-Präsident und Freimaurer **W. Wilson** („The New Freedom", 1913)

„Die wahre Bedrohung unserer Republik ist diese unsichtbare Regierung, die wie ein Oktopus ihre schleimigen Tentakeln über Stadt, Staat und Nation ausbreitet. Wie der wahrscheinlich existierende Oktopus agiert sie verdeckt unter einem selbst kreierten Bild … Der Kopf dieses Oktopus sind die Rockefeller Standard Oil Interessen und eine kleine Gruppe mächtiger Banken, gemeinhin bekannt als internationale Banker. Die kleine geschlossene Gesellschaft der internationalen Banker überrennt die Regierung geradezu, um ihre eigenen selbstsüchtigen Interessen durchzusetzen. Sie kontrolliert praktisch beide politische Parteien.“

John F. Hylan, Bürgermeister von New York („New York City Major“, 1922)

„Die tatsächliche Wahrheit ist, dass seit den Tagen von Andrew Jackson gewisse Teile der großen Finanzzentren die Regierung beherrschen.“

„In der Politik geschieht nichts zufällig. Wenn es geschieht, dann kann man darauf wetten, dass es genauso geplant worden ist.“

US-Präsident **Franklin D. Roosevelt,** 1882-1945 (Herbig, „Materialien zur Zeitgeschichte“, München-Berlin 1986, S.76)

„Die US-Administration war schon immer Befehlsempfänger und Vollstrecker der Welthochfinanz.“

Z. Brzezinski, US-Sicherheitsberater („Die einzige Weltmacht“)

„In den Gremien der Regierung müssen wir der Ausweitung des unbefugten Einflusses ob aktiv oder passiv des ‚militärisch-industriellen Komplexes‘ vorbeugen. Das Potential für einen verheerenden Anstieg der Macht besteht und wird bestehen blei-

ben. Gott helfe diesem Land, wenn jemand Präsident wird, der das Militär nicht so gut kennt wie ich.“
„Die Rüstung raubt den Hungernden die Nahrung und den Obdachlosen die Behausung.“
US-Präsident **Eisenhower**, (Eisenhower-Rede 1961/Youtube)

„Meine Damen und Herren,
bereits das Wort Geheimhaltung ist in einer freien und offenen Gesellschaft geradezu abstoßend und aus historischer Sicht ist uns als Volk die Ablehnung gegenüber Geheimgesellschaften, geheimen Schwüren und geheimen Handlungen bereits angeboren.
Es gibt eine sehr ernste Gefahr, dass der Vorwand der Sicherheit missbraucht wird, um Zensur und Geheimhaltung auszudehnen.
Wir haben es mit einer monolithischen und ruchlosen und weltweiten Verschwörung zu tun, die ihren Einfluss mit verdeckten Mitteln ausbreitet: Mit Infiltration statt Invasion, mit Umsturz statt Wahlen, mit Einschüchterung statt Selbstbestimmung, mit Guerillakämpfen bei Nacht statt Armeen am Tag. Es ist ein System, das mit gewaltigen menschlichen und materiellen Ressourcen eine komplexe und effiziente Maschinerie aufgebaut hat, die militärische, diplomatische, geheimdienstliche, wirtschaftliche, wissenschaftliche und politische Operationen verbindet.
Ihre Pläne werden nicht veröffentlicht, sondern verborgen, ihre Fehlschläge werden begraben, nicht publiziert, Andersdenkende werden nicht gelobt, sondern zum Schweigen gebracht, keine Ausgabe wird in Frage gestellt, kein Gerücht wird gedruckt, kein Geheimnis wird enthüllt.
Ich bitte Ihre Zeitungen nicht, meine Regierung zu unterstützen, aber ich bitte Sie um Ihre Mithilfe bei der enormen Aufgabe, das amerikanische Volk zu informieren und zu alar-

mieren, weil ich vollstes Vertrauen in die Reaktion und das Engagement unserer Bürger habe, wenn sie über alles uneingeschränkt informiert werden. Es liegt in der Verantwortung der Printmedien, die Taten des Menschen aufzuzeichnen, sein Gewissen zu bewahren, der Bote seiner Nachrichten zu sein, damit wir die Kraft und den Beistand finden, auf dass mit Ihrer Hilfe der Mensch zu dem werde, wozu er geboren wurde: frei und unabhängig."

US-Präsident Kennedy, (am 27.04.1961 vor Zeitungsverlegern / Youtube)

„Die wahren Herrscher Washingtons sind unsichtbar und üben ihre Macht hinter den Kulissen aus."

Felix Frankfurter, 1882-1965, US-Bundesrichter

„Das Individuum ist benachteiligt bei dem Zusammentreffen mit einer so umfassenden Verschwörung, so gewaltig, dass er nicht glauben kann, dass sie existiert."

John Edgar Hoover, Gründer und erster Direktor des FBI, 33. Grad-Freimaurer

Welt-Krieg

„Deutschland wird zu stark, wir müssen es zerschlagen. Wir werden Hitler den Krieg aufzwingen, ob er will oder nicht."
Das unverzeihliche Verbrechen Deutschlands vor dem 2. Weltkrieg war der Versuch, seine Wirtschaftskraft aus dem Welthandelssystem herauszulösen und ein eigenes Austauschsystem zu schaffen, bei dem die Weltfinanz nicht mitverdienen konnte.

Derjenige muss in der Tat blind sein, der nicht sehen kann, dass hier auf Erden ein großes Vorhaben, ein großer Plan ausgeführt wird, an dessen Verwirklichung wir als treue Knechte mitwirken dürfen."

Winston Churchill, brit. Premierminister und Freimaurer („Memoiren")

„Der deutsche Wirtschaftskörper kann in die internationale Weltwirtschaft eingegliedert werden, wenn man Deutschland durch einen Krieg politisch zerschlägt und das heißt: wir brauchen einen Weltkrieg."

J.P. Morgan, Präsident des Bankhauses Morgan („The New York Sun", 19.03.1907)

„Der europäische Krieg kommt. Unsere Hochfinanz will es!"

Walter Rathenau (1913 auf der internationalen Bankenallianz)

Winthop Aldrich (von Rockefellers Chase Manhattan Bank) berichtete von seiner Europareise, die er Anfang 1939 unternahm, dass die Engländer im Laufe des Jahres mit politischen Mitteln eine Lage herbeiführen werden, die Hitler zwinge, zu den Waffen zu greifen. Auf diese Weise wird ihm der Schwarze Peter des Angreifers und Initiators eines Krieges zugeschoben werden.

„Deutschland ist von allen kriegführenden Mächten die einzige gewesen, die am Ausbruch des ersten Weltkrieges keine Schuld trägt."

US-Prof. Harry E. Barnes

„Somit muss sich der Westen vor Augen führen, dass es tatsächlich etwas weit Schlimmeres als den Nazismus gibt, und das ist die Hybris der angloamerikanischen Bruderschaften, für die das Aufhetzen eingeborener Ungeheuer zum Krieg Routine ist und die das Höllenchaos anheizen, um es ihren imperialen Zielen dienstbar zu machen."
US-Prof. G. Preparata, im Zusammenhang mit der Förderung des Dritten Reiches durch britisch-amerikanische Finanzeliten („Wer Hitler mächtig machte", Perseus Verlag Basel 2012, S. 23))

Neue Weltordnung NWO

„Zahllose Menschen werden die neue Weltordnung hassen und bei dem Versuch sterben, gegen sie zu protestieren"
H.G. Wells („The New World Order", 1939)

„Wir werden eine Weltregierung haben, ob sie nun wollen oder nicht, entweder durch Unterwerfung oder durch Übereinkunft."
James Paul Warburg, Banker und Freimaurer, Mitglied des „Council on Foreign Relations" (vor dem US-Senat am 17.02.1950)

„Wir stehen am Rande einer weltweiten Umbildung. Alles, was wir brauchen, ist die richtige allumfassende Krise, und die Nationen werden in die Neue Weltordnung einwilligen." („UN Business Council", 1994)
„Manche glauben sogar, wir seien Teil einer geheimen Verbindung, welche gegen die besten Interessen der Vereinigten Staaten arbeitet; sie charakterisieren meine Familie und mich

als Internationalisten und behaupten, dass wir uns weltweit mit anderen zur Errichtung einer global integrierten politisch-wirtschaftlichen Struktur verschworen haben, […].
Wenn das die Anklage ist, bekenne ich mich schuldig und bin stolz darauf."

D. Rockefeller („Memoiren", 2002)

„Die Idee war, dass diejenigen, die die ganze Verschwörung lenken, die Unterschiede der zwei sog. Ideologien (Marxismus/ Faschismus/Sozialismus gegenüber Demokratie/Kapitalismus) so nutzen konnten, dass sie fähig waren, mehr und mehr Menschen in diese beiden Lager zu teilen, so dass man diese bewaffnen könnte, um sie anschließend durch Gehirnwäsche dazu zu bringen, sich gegenseitig zu bekämpfen und zu vernichten."

Myron Coureval Fagan , US-Filmemacher

„Der Drang der Rockefellers und ihrer Verbündeten ist es, eine Weltregierung zu kreieren, welche Kapitalismus und Kommunismus vereint unter ihrer Kontrolle. Meine ich eine Verschwörung? Ja, das tue ich. Ich bin überzeugt davon, dass so ein Plan existiert. Die Eliten planen es und ihre Absichten sind unglaublich bösartig."

L. P. Mc Donald, US-Kongressabgeordneter, am 01.09.1983, getötet nach dem Abschuss eines koreanischen Linienflugzeuges durch die Sowjets

„Die Gesellschaft wird von einer Elite beherrscht […] die nicht zögert, ihre politischen Ziele auch mit Hilfe der jüngsten modernen Verfahren, mit denen man das Verhalten der Bevölkerung

steuern und die Gesellschaft unter strikter Überwachung und Kontrolle halten kann, durchzusetzen."
Z. Brzezinski, US-Prof. und ehem. Sicherheitsberater („The Grand Chessboard", 1997)

„Mitglieder der globalen Elite haben wenig Bedarf für eine nationale Loyalität; für sie sind nationale Grenzen Hindernisse, die zum Glück immer mehr verschwinden, und nationale Regierungen sind Überreste der Vergangenheit, deren einzige sinnvolle Funktion es ist, die Aktivitäten der globalen Elite zu erleichtern."
Samuel P. Huntington, US-Regierungsberater (2004 in der Zeitschrift „The National Interest")

„Um die Weltregierung umsetzen zu können, ist es nötig, Individualität, Loyalität gegenüber Familientraditionen, nationalen Patriotismus und religiöse Dogmen aus den Köpfen der Menschen zu bekommen."
Brockman Adams, US-Politiker, ehem. Direktor der UN Health Organization

„The social experiment in China under Chairman Mao's leadership is one of the most important and successful in human history."
D. Rockefeller („New York Times", 08.10.1973)

Multi-Milliardär und Gründer von Sunset Microsystems, **Bill Joy** warnte vor einem Konsens der autokratischen Elite, laut dem die Menschheit bis zum Jahr 2030 bestenfalls versklavt sein wird und schlimmstenfalls die Tötung von allen geschehen wird, die nicht Teil der Elite sind. („Why the future doesn't need us")

„Es wird ein neuer Führer-Präsident gewählt. Sie werden sagen, wegen der ungeheuren Gefahren brauchen wir mehr Autorität, mehr Macht. Und an diesem Punkt wird es nichts geben können, was die Leute tun können, um sich dem zu widersetzen. Es wird eine Gesamttyrannei sein".

Whistleblower **Edward Snowden** (Interview mit Glenn Greenwald in Hongkong am 6. Juni 2013)

Eines der ersten Planungspapiere, die David Rockefellers „Trilaterale Kommission" herausgegeben hat, stammte vom Harvard-Professor Samuel Huntington. Es ist dies die gleiche Person, welche die umstrittenen Thesen vom „Kampf der Kulturen" geprägt hatte. Seine Thesen bildeten Mitte der 90er Jahre die Grundlage für den Krieg gegen den Terrorismus der späteren Bush-Administration. Er bestand darauf, dass „*Heimlichtuerei und Täuschung … unvermeidliche Merkmale einer Regierung*" seien. (aus „Saat der Zerstörung" von **Dr. F. Engdahl**)

„Vor uns liegt die Gelegenheit, für uns und zukünftige Generationen eine neue Weltordnung zu schmieden."

G. W. Bush, US-Präsident (vor dem amerikanischen Kongress am 11. September 1990)

„Bis zum Jahr 2020 wird es eine Weltregierung geben."

Ray Kurzweil, US-Unternehmer, Erfinder

„Solch eine Debatte ist dringend notwendig, nicht nur für das künftige Wohlergehen Chinas und seiner Menschen, sondern

auch für das künftige Wohlergehen der gesamten Weltbevölkerung, insbesondere der Menschen in den Vereinigten Staaten und Westeuropa. Denn wenn es darum geht, einen Gegenpol zur totalitären Kontrolle über die gesamte Welt zu bilden, ist China mittlerweile ein maßgeblicher Akteur."

F. William Engdahl („China in Gefahr – Wie die angloamerikanische Elite die neue eurasische Großmacht ausschalten will")

„Um die Neue Weltordnung zu verteidigen, werden US-Soldaten töten und sterben müssen." („Council on Foreign Relatons Journal")

„Wir werden keine Neue Weltordnung realisieren, ohne für diese mit Blut, Worten und Geld zu bezahlen." („ForeignAffairs", Juli 1995)

A. Schlesinger, US-Regierungsberater, Historiker

„Wir bewegen uns auf eine Neue Weltordnung zu, auf eine Welt des Kommunismus. Wir dürfen diesen Pfad niemals verlassen."

M. S. Gorbatschow, ehem. UDSSR-Präsident

Presse

„Wir sind der Washington Post, der New York Times, Time Magazin und anderen großen Publikationen dankbar, deren Direktoren an unseren Treffen teilnahmen und ihre Verschwiegenheitsversprechen seit fast 40 Jahren einhielten. Es wäre für uns unmöglich gewesen, unsere Pläne für die Welt voranzutreiben, wenn wir in jenen Jahren dem Licht der Öffentlichkeit

ausgesetzt gewesen wären. Nun ist die Welt weiter fortgeschritten und bereit, in Richtung einer Weltregierung zu marschieren. Die supranationale Souveränität einer Weltelite und der Weltbanker ist sicherlich der in vergangene Jahrhunderten praktizierten nationalen Selbstbestimmung vorzuziehen."
David Rockefeller, Bänker (auf dem Bilderberger-Treffen in Baden-Baden im Juni 1991)

„Jede Zeitung ist, wenn sie den Leser erreicht, das Ergebnis einer ganzen Serie von Selektionen [...]." „Indem die Auswahlregeln der gleichgeschalteten Journalisten weitgehend übereinstimmen, kommt so eine Konsonanz der Berichterstattung zustande, die auf das Publikum wie eine Bestätigung wirkt (alle sagen es, also muss es stimmen) und jene oben beschriebene stereotypen-gestützte Pseudoumwelt in den Köpfen des Publikums installiert."
Walter Lippmann, US-Journalist, Politikberater, Schriftsteller („Public Opinion", 1922)

„Pressefreiheit ist die Freiheit von 200 reichen Leuten, ihre Meinung zu verbreiten" (Spiegel vom 05.05.1965)
Paul Sethe, Publizist und Freimaurer, FAZ-Mitbegründer

„Es gibt hier und heute nichts in Amerika, was man als unabhängige Presse bezeichnen könnte. Sie wissen das und ich weiß das. Es gibt keinen unter Ihnen, der es wagt, seine ehrliche Meinung zu schreiben, und wenn Sie sie schrieben, wüssten Sie im Voraus, dass sie niemals gedruckt werden würde. Ich werde wöchentlich dafür bezahlt, meine ehrliche Überzeugung aus der Zeitung, der ich verbunden bin, herauszuhalten. Anderen von Ihnen werden ähnliche Gehälter für Ähnliches gezahlt, und

jeder von Ihnen, der so dumm wäre, seine ehrliche Meinung zu schreiben, stünde auf der Straße und müsste sich nach einer anderen Arbeit umsehen. Würde ich mir erlauben, meine ehrliche Meinung in einer Ausgabe meiner Zeitung erscheinen zu lassen, würden keine 24 Stunden vergehen und ich wäre meine Stelle los. Das Geschäft von uns Journalisten ist es, die Wahrheit zu zerstören, frei heraus zu lügen, zu verfälschen, zu Füßen des Mammons zu kriechen und unser Land und seine Menschen fürs tägliche Brot zu verkaufen. Sie wissen es, ich weiß es. Wozu der törichte Trinkspruch auf die unabhängige Presse. Wir sind die Werkzeuge und Vasallen reicher Menschen hinter der Szene. Wir sind die Marionetten, sie ziehen die Schnüre und wir tanzen. Unsere Talente, unsere Fähigkeiten und unsere Leben sind alle das Eigentum anderer. Wir sind intellektuelle Prostituierte."

John Swinton, ehem. Herausgeber der New York Times, (vor Redakteuren 1889)

„Eine Handvoll Menschen kontrollieren die Medien der Welt. Derzeit sind es noch 6 solcher Menschen, bald werden es nur noch vier sein und es wird dann alles erfassen: alle Zeitungen, Magazine, Filme, TV-Sendungen.
Es gab einmal eine Zeit, da gab es verschiedene Meinungen, Haltungen in den Medien. Heute gibt es nur eine Meinung, die zu formen vier, fünf Tage dauert, dann ist sie jedermanns Meinung."

Mike Nichols, US-Regisseur („Nation & Europa", August 1999, S. 16)

„Auf der Suche nach einem gemeinsamen Feind, gegen den wir uns vereinigen können, kam uns die Idee, dass Umweltverschmutzung, die globale Gefahr der Klimaerwärmung, Wasserknappheit, Hungersnöte u.ä, diesen Zweck erfüllen. In ihrer Gesamtheit und ihren Wechselwirkungen stellen diese Phänomene eine gemeinsame Gefahr dar, die von allen zusammen angegangen werden muss. Bei der Bezeichnung dieser Gefahren als den Feind, tappen wir in die Falle, vor der wir unsere Leser bereits gewarnt haben, nämlich Symptome mit Ursachen zu verwechseln. Alle diese Gefahren sind durch menschliche Eingriffe in natürliche Prozesse verursacht, und sie können nur durch veränderte Einstellungen und Verhalten überwunden werden. Der wahre Feind ist demnach die Menschheit selbst."
Club of Rome („The first global Revolution", 1991)

„Was ist Wahrheit? Drei Wochen Pressearbeit und alle Welt hat die Wahrheit erkannt; ihre Gründe sind so lange unwiderlegbar, als Geld vorhanden ist, um sie ununterbrochen zu wiederholen."
Oswald Spengler, 1889 – 1936, („Untergang des Abendlandes", 1918)

Netzwerke

Logen, Denkfabriken, Clubs, Orden, Bruderschaften, Round Tables, Stiftungen sind öffentliche, halbgeheime oder geheime Lobby-Organisationen bzw. Netzwerke – teils untereinander verwoben – von sehr reichen oder einflussreichen Persönlichkeiten aus den Bereichen Hochfinanz, Industrie, Militär, Politik, Geheimdienst, Medien, Wissenschaft, Kirche. Auch die nach der dt. Vereinigung offiziell stillgelegten Geheimarmeen der Nato (z.B. Gladio in der Schweiz) kann man dazurechnen. Das Ziel solcher diskreten Seilschaften: Macht.

Transparenz und Öffentlichkeitsarbeit weichen hier der Diskretion nach Art der „Chatham-House Rule“: sie verbietet zwar nicht die Weitergabe von Informationen, aber verlangt die Anonymität der Konferenz-Sprecher im „Chatham House“. Im „Bilderberg-Club“ ist die Weitergabe gänzlich untersagt.

Relativ transparent ist das einflussreichste EU-Netzwerk „ERT“ (European Roundtable of Industrialists) aus rund 50 Führern von Multis mit dem Ziel der Entwicklung langfristiger konzernfreundlicher Strategien in der EU im engen „Schulterschluss“ mit der EU-Kommission. Beispielsweise gehen „Bologna-Prozess“ und Euroeinführung auf diese Runde zurück.

Netzwerk-Beispiele:

Komitee der 300, Chatham House, Council on Foreign Relations (CFR) Trilaterale Kommission (TC), Bilderberger, IIT, G 30, Bohemian Groove, Skull & Bones, P2 (P3, P4), Club of Rome, Atlantik-Brücke, Aspen-Institut, Freimaurer, Club der 1001, Stiftungen (Rockefeller, Bill Gates, Ford, Carnegin, Bertelsmann …), Davoser Wirtschaftsgipfel, Lions, Rotary, Round Table … (weltweit einige Tausend). Ein ganz eigenes Netzwerk spannte Goldman Sachs, die mächtigste Bank der Welt, um Regierungen und Länder über seine personellen Verflechtungen.

Ein eigentliches Forschungsgebiet an Universitäten sind diese Zirkel der Mächtigen bezeichnenderweise nicht. Macht und Geld entziehen sich weitgehend der Forschung und Lehre. In Deutschland sind Prof. Hartmann und Prof. Krysmanski bekannt geworden. In der Schweiz: Dr. D. Ganser, der sich u.a. dem „11.September“ und den Nato-Geheimarmeen kritisch und öffentlich widmete. Selbst eine kritische Auseinandersetzung mit der politischen Elite erscheint in diesem Lande als die Ausnahme: Prof. von Arnim nahm sich in vielen allgemeinverständlichen Büchern die politische Elite und die Parteien vor. Inzwischen hat sich auch ein zweiter Staatsrechtler, Prof. Schachtschneider, öffentlich-kritisch mit den EU-Machthabern auseinandergesetzt. Ausnahmeerscheinungen. Es macht sich nicht bezahlt – im Gegenteil: weltweit fallen unabhängige Köpfe in Ungnade und aus dem Netz der Zitierkartelle.

Ein gutes Beispiel für ein Untergrundnetzwerk ist die inzwischen verbotene „P2“ (Freimaurer-Loge) (P3/P4) in Italien, eine Art „Schattenregierung“ der Mächtigen der Finanzen, Justiz, Politik, Medien, Konzerne, Geheimdienste, Militärs, Kirche – mit besten Verbindungen zur Mafia. Ein hoch-kriminelles Freimaurer-Netzwerk zur Unterwanderung des Staates mit dem Ziel totaler Herrschaft. Berlusconi war ein Mitglied (s. Youtube: „Die Akte Berlusconi“).

Die Gefahr, die von solchen – global vernetzten – Netzwerken für Demokratien ausgeht, leuchtet unmittelbar ein. Sie sind allen Kontrollen und der Öffentlichkeit entzogen, damit zutiefst staatsfeindlich und im wahrsten Sinne dem Staats-Terror zuzuordnen. Das Beispiel ist offensichtlich kein Einzelfall. Vor allem in US-Netzwerken wie Skull&Bones oder Bohemian Groove, wo sich Mächtige zu allerlei Hokuspokus nach Freimaurerlogenart versteckt versammeln und Beziehungen pflegen, wird deutlich, wie die öffentlich proklamierte Gewaltenteilung in diskret-intimen Zirkeln aufgehoben wird. Vergleichbar mit der relativ harmlosen Situation: ein Veterinär und Tierschützer wundert sich über den merkwürdigen Prozessverlauf gegen seinen Arbeitgeber und Landrat, nicht ahnend, dass sich der Landrat und der zuständige Generalstaatsanwalt im selben Rotary-Club einvernehmlich zu verständigen pflegen. Je größer der Brocken, desto intensiver die Hinterzimmer-Nutzung. In kleinen Kreisen wird entschieden, in großen pro forma öffentlich abgenickt.

Netzwerke agieren wie Parasiten am Gemeinwesen rund um den Globus, machen sich den Staat/die Staaten zur Beute, stabilisieren diesen Zustand und rekrutieren ihren Nachwuchs daraus. Sie sind Machtzentren, Karrieresprungbretter und Schutzschirme gleichermaßen. Ein weltbekannter Netzwerker ist der – im Internet Terrorist und Massenmörder (s. „Der Fall Henry Kissinger") genannte – Ex-Kanzler – Schmidt-Freund, Henry Kissinger, den man im innersten Kreis der meisten zwielichtigen Netzwerke wiederfindet: CFR, B.-Grove, TC, Bilderberger …

Quellen-Empfehlungen

Geopolitik/Politik:

A. von Bülow: „Im Namen des Staates – CIA, BND und die kriminellen Machenschaften der Geheimdienste“

D. Ganser: „Die Geheimarmeen der Nato“

N. Klein: „Die Schock-Strategie“

F. W. Engdahl: „Saat der Zerstörung – Die dunkle Seite der Gen-Manipulation“, „China in Gefahr“, „Mit der Ölwaffe zur Weltmacht – Der Weg zur neuen Weltordnung“

W. Hetzer: „ Finanzmafia“

G. Höhler: „Die Patin“

G. G. Preparata: „Wer Hitler mächtig machte“

C. Quigley: „Katastrophe und Hoffnung“

A. Sutton: „America's Secret Establishment“

H. Bachmann: „Die Lüge der Klimakatastrophe“

H. H. von Arnim: „Das System der Machenschaften der Macht“, „Das System“, „Die Deutschlandakte – Was Politiker und Wirtschaftsbosse unserem Land antun“

J. Roth: „Der Deutschland Clan – Das skrupellose Netzwerk aus Politikern, Top-Managern und Justiz“

U. Müller: „Vorwärts und vergessen“

B. Engelmann: „Das ABC des großen Geldes“

Bildung/Wissenschaft/Medien:

T. Colin Campbell: „China Study“

J. Krautz: „Bildung als Ware“

K. Blüchel: „Heilen verboten, töten erlaubt – Die organisierte Kriminalität im Gesundheitswesen“

G. Lanctot: „Die Medizin-Mafia“

E. Hermann: „Das Medienkartell“
U. Krüger: „Medienmacht“

Youtube-Beiträge:
„Der Handykrieg“ (Klaus Scheidsteger)
„Der 11. September“ (D. Ganser, 07.09.2012) ,
„Der Fall Henry Kissinger“ (Phoenix-Doku)
„Die Akte Berlusconi“ (Arte-TV, 2011)
„Geld regiert die Welt – Die Macht der Finanzkonzerne“, ARD-Doku
„Das Pharmakartell“, Frontal 21/ZDF
„Belgischer Abgeordneter Laurent Louis sagt die Wahrheit“ („Truth Connection“)
„Der Untergang der Republik“ (Alex Jones)
„Die Bananenrepublik Deutschland“ („Pelzig unterhält sich“, 08.04.2010)
„Ausgebremste Steuerfahnder“ (U. Neumann, Report Mainz)
„Plastic Planet“ (Werner Boote)
„Geld regiert die Welt – doch wer regiert das Geld?“, M. Kennedy
„Geld als Schulden – Eine Einführung in das Geldwesen“ (Paul Grignon)
„Mobilfunk – Die verschwiegene Wahrheit“ (Klagemauer-TV, 26.05.2013